Predigten 2009
aus dem etwas anderen Gottesdienst

Predigten aus dem etwas anderen Gottesdienst – warum in Buchform mit CD?

Predigten aus dem etwas anderen Gottesdienst sind immer etwas Besonderes. Ohne die sonst übliche Liturgie erzählt Pfarrerin Christina Koch von biblischen Gestalten wie Adam und Eva, Jakob oder David, lässt sie in ihrem biblisch-historischen Umfeld lebendig werden und stellt sie in unsere Gegenwart hinein.

Themen wie Wunder werden aus unterschiedlichen Bibelteilen zusammengestellt, hinsichtlich Wahrheitsgehalt hinterfragt und einer (Be-)Deutung für uns heute zugeführt.

Pfarrerin Koch versteht es, Aufmerksamkeit und Nachdenklichkeit zu wecken, Zuversicht aufzubauen und Mut zu vermitteln, die eigene Ängstlichkeit zu überwinden und Verantwortung für den Nächsten zu übernehmen.

Im anschließenden Kirchencafé im Pfarrhaus treffen sich nach dem etwas anderen Gottesdienst viele Kirchenbesucher zum persönlichen Gespräch. Dort entwickelte sich die Idee, diese Predigten aufzuzeichnen und niederzuschreiben.

Predigten, wie Geschichten erzählt, mit unverwechselbarer Lebendigkeit und emotionaler Überzeugungskraft vorgetragen, haben mich motiviert, dieses Buch zum Lesen und Hören zu wagen.

Günter Griebenow

Christina Koch

Predigten 2009

aus dem etwas anderen Gottesdienst
der Ev.-lutherischen Kirchengemeinde St. Thomas
in Braunschweig-Volkmarode/Dibbesdorf

Herausgegeben von Günter Griebenow

http://anderer-gottesdienst.griebenow.info

Bibliografische Information der Deutschen Nationalbibliothek
Die Deutsche Nationalbibliothek verzeichnet diese Publikation in der Deutschen Nationalbibliografie; detaillierte bibliografische Daten sind im Internet über http://dnb.d-nb.de abrufbar.

Idee und Herausgeber: Günter Griebenow
Transkription und Schnitt: Hans-Georg Meyer
Lektorat und Satz: Rani Thoms
Umschlaggestaltung und CD-Label: Thorsten Griebenow,
www.alltagsaesthetisierung.de
Herstellung und Verlag: Pro Business book-on-demand, Berlin

ISBN 978-3-00-029530-0

Der etwas andere Gottesdienst

„Warum nicht auch einmal eine andere liturgische Gestaltung des Gottesdienstes versuchen?"

„Warum nicht einmal unabhängig vom vorgegebenen Predigttext reden?"

„Warum nicht einmal Geschichten erzählen von biblischen Gestalten und den großen Themen des Alten und Neuen Testaments?"

So lauteten die Fragen und Ideen, die der Kirchenvorstand unserer Gemeinde in seiner jährlichen Klausurtagung formulierte.

Bei uns ist die Kirche noch die gute Stube der Gemeinde und der Gottesdienst ein echter Mittelpunkt. Und trotzdem erreichen wir längst nicht alle Menschen. Und auch wenn die Liturgie erklärt wird und die Menschen ins Geschehen mit einbezieht, bleibt die für viele fremd.

Also warum nicht „etwas anders" Gottesdienst feiern?

Seit Mai 2000 geschieht das etwa acht Mal im Jahr. Bekannte und unbekannte Gestalten aus dem Alten und Neuen Testament werden erzählerisch zum Leben erweckt. Ganz bewusst wird Bibel erzählt, wie wir sie heute lesen. Alte Geschichten wirken auf einmal neu und können Beispiel geben für unsere Zeit und unser Leben.

Was als eine neue Idee seinen Anfang nahm, ist längst vertraut geworden. Und wir erleben, dass wir tatsächlich andere Menschen erreichen.

Christina Koch, Pfarrerin

Jacob

GOTT unser Vater begleitet uns mit Nachsicht und Geduld, immer wieder auch mit Strenge und mit Gerechtigkeit. Sein Sohn Jesus Christus zeigt uns einen Weg mit Gott, hin zu unserem Nächsten, lehrt uns zu vertrauen, trotz aller Angst. Der Heilige Geist, die Kraft unseres Gottes hier bei uns Menschen, die gebe uns Mut, nach vorne zu schauen, selbst wenn der Weg steinig und schwer ist, den Nächsten zu sehen, selbst wenn ich mich selbst überwinden muss, das zu tun, was er gerade braucht, gebe uns die Kraft, auf Gott zu vertrauen, immer dann, wenn unsere eigenen Wege nicht zum Ziel führen, immer dann, wenn der Zweifel stärker ist als die Hoffnung.

Geschichten aus dem Alten Testament, da geht es oft hoch her, da wird ordentlich gekämpft, da gibt es Neid, da gibt es Gier, da gibt es Eifersucht, und dann fragt man sich, ist das ein Gott, der uns vertraut ist? Denn meistens ist ER es, der die eine Gruppe gewinnen lässt und die andere straft, so erleben Menschen das, so ist es jedenfalls aufgeschrieben. Mit seinem Segen geht alles, ohne seinen Segen geht gar nichts.

Wie anders leben Menschen heute? Gott überhaupt anzunehmen in meinem Leben? Gehört dazu ein bisschen Dummheit, wie die Konfirmanden manchmal sagen, oder gehört dazu ganz viel Mut, weil ich begreifen kann und muss, dass es so vieles gibt, was mir nicht verfügbar ist, so vieles, was mir geschenkt werden muss, und das kann dann nur Gott sein, der es tut. Schauen wir in List und Tücke, in Neid und Gier, in Liebe und Betrug und sehen wir, dass Gott dennoch dabei ist, von Anfang bis zum Ende.

Ganz am Anfang der Geschichte steht eine riesengroße Liebe. Das, was Menschen sich bei uns auch immer wieder wünschen und wo doch Menschen auch bei uns immer wieder merken, manchmal hält das erste Gefühl nicht, was es verspricht. In der Geschichte, die ich Ihnen erzähle, sieht das anders aus.

Isaak braucht eine Frau und sein Vater Abraham schickt einen Knecht los, eine zu holen, und zwar aus der alten Heimat, damit es auch bestimmt die richtige Frau mit dem richtigen Glauben wird. Ein Knecht sucht diese Frau aus, und als er sie zurückbringt zu Abraham und Isaak und die beiden sich das erste Mal begegnen, gehen ihnen die Herzen auf füreinander, so ähnlich steht es da. Liebe ist das, ganz anders, als man so denkt – nur, Enttäuschung ist auch gleich mit darin, denn so sehr die beiden einander zugetan sind, Kinder bekommen können sie keine.

Ach, das ist doch nicht so schlimm, das geht manch einem Paar so, damit lernt man zu leben, auch wenn es vielleicht große Traurigkeit bereitet, das sind unsere Kategorien, und auch bei uns, wissen wir doch, manch ein Paar versucht manch eine unglaubliche Geschichte, nur damit vielleicht doch noch ein Kind zur Welt kommt.

In unserer Geschichte bittet Isaak Gott darum, dass seine Frau doch endlich schwanger werden möge, und es geschieht. Ganz klar, Gott hilft, Gott entscheidet wann und wie, Gott kann gebeten werden und manchmal geschieht wirklich genau das, was ich mir wünsche, aber dieser Wunscherfüller Gott, der ist ganz oft anders, als wir es denn denken.

Rebekka erwartet ein Kind nach 20 Jahren Ehe, so steht es da, und spürt, da ist was nicht in Ordnung. In ihrem Bauch ist mächtig was los, erzählt die Bibel, so sehr, dass sie verunsichert ist und Antworten möchte. Sie könnte sie sich doch holen, es gibt doch viele erfahrene, weise Frauen bestimmt in ihrem Stamm, in ihrem Volk, in ihrer Familie.

Aber wenn eine 20 Jahre lang die ist, die man scheel von der Seite anblickt, weil sie keine Kinder bekommen kann, dann geht die bestimmt nicht gerade bei denen fragen, die sich 20 Jahre lang über sie lustig gemacht haben. Sie fragt ihren Gott, was ist denn los mit mir, Herr, guter Gott, kannst du's mir erklären?, und sie bekommt eine Antwort, die sie nicht erwartet hat: Zwei Kinder wirst du gebären, nicht eines, zwei – und sie werden zu zwei großen Völkern werden, und anders als erwartet wird es der Ältere sein, der dem Jüngeren dienen wird, und der Krieg dieser beiden, der Kampf um das Vorrecht, das ist der, der schon im Mutterleib ausgefochten wird, so jedenfalls ist die Erklärung.

Alles von Anfang an vorherbestimmt in unserem Leben? Wenn das Alte Testament es so erklärt, auch dann lernen wir wieder, wie anders Menschen eingestellt waren. Was immer hier bei mir passiert, was immer ich erlebe, was immer ich erleide, was immer hier bei uns geschieht, das hat mit Gott zu tun.

Wenn es die guten Dinge sind, wenn Ziele erreicht werden, wenn Leben im Sonnenlicht verläuft, gibt es ein paar, die mögen danken. Aber Gott zu Hilfe rufen, das tun doch wir eigentlich besonders und vor allem dann, wenn das Leben eben gerade nicht gelingt, wenn es ein Kampf ist, wenn wir leiden und wenn wir Angst haben – alles, was geschieht, vorherbestimmt?

Der Rebekka werden Zwillinge geboren, und der erste, der geboren wird, ist ganz rot und haarig, darum bekommt er den Namen Esau, so heißt das, und ungewöhnlich, als er geboren wird, hält der zweite ihn schon an der Ferse fest. Da gibt der Zweite das Tempo vor; hält er sich an dem anderen fest, oder hält er den anderen fest? Der da geboren wird als Zweites, trägt den Namen Jakob, und in der Übersetzung gibt es viele Möglichkeiten. Vielleicht heißt das, der, der die Ferse festhält – vielleicht heißt das aber auch der, der betrügt? Wenn man es noch ein bisschen anders herleitet, dann heißt es, Gott möge beschützen. Das ist auch typisch menschlich, oder?

Wir finden schon Begründungen, wir finden schon Wege, damit das Ganze so aussieht, wie es uns wohltut. Wer möchte denn schon heißen: der, der betrügt. Den Gott beschützt, ja, das ist ein Name, damit könnten wir leben.

Aus diesen beiden Säuglingen werden Kinder, zwei Brüder, und da geht das, wie das bei Brüdern, bei Geschwistern vielleicht auch heute noch so geht: Da wird gerauft, da wird gekämpft, da ist die Frage, wer ist der Stärkere, wer ist der Beste. Nur damals hat der Ältere Last und Verantwortung, die heute in der Form nicht mehr stattfindet. Natürlich nimmt der Vater den Älteren mit nach draußen, das ist schließlich der Nachfolger, der muss alles lernen, was wichtig ist. Und was lernt man draußen, bei dem Vieh, draußen im Freien? Da lernt man, stark zu sein und keine Angst zu haben. Der Zweite, der wird ja nur gebraucht, wenn dem Ersten was passiert.

Vielleicht deshalb gelingt es der Rebekka, ihn ordentlich bei sich zu halten. Es ist einer, der macht sich nicht so sehr die Finger schmutzig, der rührt mit der Mutter im Kochtopf, ein bisschen so scheint es zu sein. Rebekka hat den Jacob lieb, steht da, vielleicht heißt das, dass er ein bisschen verwöhnt wird, ein bisschen verhätschelt wird, vielleicht aber heißt das auch nur, dass sie die Weissagung noch sehr genau im Kopf hat. Der Ältere wird dem Jüngeren dienen, also wird der Jüngere der Nachfolger sein, also muss er doch vorbereitet werden auf diese große Aufgabe, und sieht eine Mutter das anders als ein Vater? Muss er, statt keine Angst zu haben und ganz stark zu sein, vielleicht die Qualitäten haben, Menschen zu führen, vielleicht Dinge zu durchschauen, vielleicht Autorität statt Angst nach außen tragen?

Der eine wohlbehütet, der andere abgehärtet und gestärkt, beide werden sie lieb gehabt und beide nur von einem der Eltern so richtig wahrgenommen. Es scheint, als ob Rebekka ihrem Mann von der Verheißung nichts erzählt hat, wohl aber dem jüngeren Sohn, sonst wäre nicht zu erklären, was da passiert. Das ist mehr als Rauferei. Der eine mit Geschick, der andere mit Kraft, und der mit Geschick, der weiß genau, dass der mit Kraft andere Vorlieben hat, als man so haben müsste.

Sie kennen die Geschichte vom Linsengericht? Vor lauter Hunger, vor lauter Gier, ein Bruder serviert dem anderen und bekommt dafür das Erstgeburtsrecht. Das geht doch gar nicht, was erzähle ich Ihnen für Geschichten. Wer als Erstes geboren ist, ist als Erstes geboren, da kann man doch aushandeln, was man will, vielleicht hat Esau genau so gedacht und gerne drangegeben, was Jakob haben wollte. Nimm nur, aber gib mir zu essen, der Erbe bin doch sowieso ich. Und trotzdem hängt ein Recht daran, das Recht, Nachfolger zu sein, das Recht, eine Familie anzuführen – kann das sein, kann ich das verhandeln?

Welche Wege haben Sie in Ihrem Leben begonnen, auch mit ein bisschen Geschick, um es zum richtigen Ende zu führen? Das ist eine Frage, die wir uns nicht so gerne stellen lassen, glaube ich. Zielstrebig zu sein ist etwas Wunderbares, das lernen unsere Kinder schon in der Grundschule, wissen, was du willst, und einsetzen, was nötig ist, um dies Ziel auch zu erreichen. Das ist menschlich, so kommt man durchs Leben, so lernt man, mit anderen richtig umzugehen? Oder lernt man so auch die anderen im richtigen Abstand zu halten und die anderen dahin zu bekommen, wo ich sie haben will? Kommt drauf an, in welcher Ausprägung es passiert.

Hab ich schon mal, haben Sie schon mal ein Ziel unbedingt zu erreichen versucht und haben dabei auch Ellenbogen eingesetzt? Das muss doch erlaubt sein, oder? Ellenbogen einzusetzen – manchmal ist das Ziel so wichtig, und was ist schon ein Ellenbogenschubs gegen einen anderen. Wenn wir selber die Ellenbogen spüren, weil andere uns überholen wollen, dann ist das schmerzhaft, oder?

Und hier passiert's vielleicht, um dem Schicksal auf die Sprünge zu helfen? Hat nicht Gott gesagt, der Ältere wird dem Jüngeren dienen? Also setzt er dafür ein, was dafür einzusetzen ist, und nicht nur einmal, sondern sogar noch mal. Als der Vater sein Ende nahen spürt und vom Ältesten noch verlangt, ein Mal soll er auf die Jagd gehen, ein Mal noch ein Stück Wild erlegen und es ihm zubereiten, ein Mal noch will der Isaak sich fühlen wie früher, da hört Rebekka wohl zu und schickt den Jüngeren. Es ist nur ein Zicklein, das da zubereitet wird, aber wird er den Unterschied im Geschmack merken? Da kommt der Jüngere, der ist nicht behaart wie Esau. Ein Fell über der Hand wird helfen, Vater ist doch nicht dumm, er wird mich doch erkennen, oder?

Du brauchst die andere Kleidung deines Bruders, dann wirst du auch riechen wie er, und der Alte, der Vater, der da zu sterben meint, er erliegt der Täuschung? Er ist misstrauisch, er fühlt, er riecht, er zweifelt, weil er die falsche Stimme hört, und lässt sich doch überzeugen, dass der Richtige vor ihm steht. Und er isst und er segnet:

Gott gebe dir vom Tau des Himmels und von der Fettigkeit der Erde und Korn und Wein in Fülle. Völker sollen dir dienen und Stämme sollen dir zu Füßen fallen, sei ein Herr, sei ein Herr über deine Brüder, und deiner Mütter Söhne sollen dir zu Füßen fallen. Verflucht sei, wer dir flucht, und gesegnet sei, wer dich segnet.

Alles Gute bekommt er, und dann muss er verschwinden, so schnell wie möglich.

Als der Ältere folgt, muss die Enttäuschung groß sein, denn vom guten Segen ist nichts mehr übrig. Der kann nur einmal gegeben werden. Er bekommt alles, was da noch geht: magere Weiden, ein schweres Leben, aber auch das Versprechen, es wird geschehen, dass du einmal das Joch von deinem Halse reißen wirst, auch du wirst dich befreien aus deinem Schicksal.

Ein Segen, ein Erbe, das nur einmal weggegeben werden kann, das ist die Ungerechtigkeit überhaupt, oder? Da muss man doch was machen können. Geschähe das heute, ich bin sicher, da würde das Erbe angefochten, da gäbe es Rechtsanwälte und einen langen Streit, der Aktenberge füllen würde.

Hier wird anerkannt, was gesagt ist. Genommen, erschlichen und erlitten, was immer da ist, und Lebenswege müssen sich ganz neu ordnen. Ist das geschehen mit Gott oder menschliches Wollen und Wirken und ganz allein menschliches Geschick?

Wenn so was geschieht bei uns, haben wir die Gelassenheit zu nehmen, das, was kommt? Haben wir den Mut, das, was da war, zu ändern und umzudrehen?

Jakob war auf der Flucht von dem Augenblick an. Esau war auf der Suche von dem Augenblick an, wie das Leben sich noch neu würde ordnen können. Wohin flieht einer, der auf einmal kein Zuhause mehr hat? Vor lauter Angst, sein Bruder könnte ihn erwischen. Irgendwo dahin, wo er schon jemanden kennt. Dahin, woher der Knecht seine Mutter geholt hat. Zurück nach Haran, zum Bruder der Mutter soll es gehen.

Ein weiter Weg liegt vor ihm. Und er kommt an, und die erste Begegnung ist schon eine, die wohltut. Am Brunnen eine schöne junge Frau, die sich von ihm helfen lässt, das Vieh zu tränken, und die sogar zu seiner Familie gehört, die Tochter seines Onkels. Na, wunderbar! So eine Begegnung tut wohl, da kommt man gerne an, freudig freundlich aufgenommen. Der Onkel erkennt, wer er ist, und der Onkel fragt sich, warum nur einer? Heißt es nicht, sie habe zwei Kinder geboren? Der Onkel nimmt ihn bei sich auf, natürlich, das ist Pflicht, oder wenn einer so weit weg von zu Hause ist, da muss man Verantwortung füreinander tragen.

Das sind doch nicht nur Geschichten aus dem Alten Testament. So leben Menschen noch immer, oder? Verantwortung füreinander tragen, füreinander da sein, dann kommt man auch durch ganz schwere Zeiten. Aber die schöne junge Frau, die jüngere Tochter des Onkels, zu der Jakob in Liebe entbrennt, die schafft dann Probleme, die nicht nur wohltun. Schon bald wirbt Jakob um Rahel, die jüngere Tochter. Sieben Jahre muss er arbeiten dafür, dass er sie heiraten darf, und am Morgen nach der Hochzeit gibt es ein böses Erwachen, denn Lea, die Ältere, die nicht so Schöne, die lag in seinem Bett.

Und das steht in der Bibel, Frau Koch?, so fragen Konfirmanden. Ehrlich? Ja, ehrlich, das steht da. Aber warum hat denn der das nicht gemerkt? Das können Sie sich jetzt fragen. Mit dem Schleier bedeckt dem Ehemann zugeführt zu werden, das muss so sein, das gehört sich so. Und wenn die Feier länger dauert, vielleicht guckt man dann nicht mehr richtig hin.

Aber die Frage ist, ob die Lösung dieses Problems das ist, was wirklich beschäftigen muss. Das ist eine Sache von Recht und Gerechtigkeit, die ältere Tochter muss zuerst verheiratet werden, das gehört sich so, und selbst wenn die jüngere verliebt ist und selbst wenn der Neffe die jüngere möchte – das geht so nicht. Also wird er es wohl zufrieden sein?

Und genau wie bei den Jungs wird es bei den Mädels ähnlich sein, dass die Frauen früh lernen, Verantwortung zu tragen. Die Ältere wird die sein, die es schon kann. Verantwortung tragen für Haus und Hof, dem Mann die Familie versorgen. Also ist der Jakob doch eigentlich gut dran, oder? Dennoch wird von seiner Empörung berichtet, die ja auch jeder verstehen kann. Liebe war der Auslöser und Recht und Gesetz waren die Konsequenz. Er bekommt die andere auch noch nach seinem Protest und soll dann noch einmal sieben Jahre arbeiten.

Eine Geschichte, ein bisschen wie aus dem Roman, eine Geschichte, wo es um das geht, was man will, und um das, was man dann manchmal bekommt. Und da gibt es einen Unterschied. Wird der Jakob nun bestraft oder wird er eigentlich beschenkt? Seinen Bruder hat er damals betrogen, erinnern Sie sich? Nun ist er derjenige, der traurig ist, enttäuscht ist. Nun ist er der Betrogene. Aber ist denn das alles so falsch, was geschieht? Die eine, die er liebt, die andere, der es doch auch nicht wohl sein kann zu wissen, dass er die Jüngere wollte und jetzt sie seine Frau ist.

Wie es den Frauen da ergeht, das hört man zunächst einmal nicht so richtig. Denn um den Ehemann, um den geht's. Und wieder passiert, was wir schon kennen: Die, die er lieb hat, die bekommt keine Kinder. Die andere aber, die Ältere, einen Sohn nach dem anderen, und da steht, dass die Jüngere sich beschwert, dass sie auch ein Kind möchte. Und warum? Was ist das mit dieser großen Sehnsucht? Kinder zeigen: Ich kann meine Aufgabe erfüllen, für die ich eigentlich da bin. Ich sorge für den Fortbestand der Familie, ich sorge im Grunde für unser aller Versicherung im Alter. Eine Frau, die das nicht kann, die wird schief angesehen.

Und dann kommen diese wunderbaren Verwicklungsgeschichten. Was tun, wenn ich keine Kinder bekommen kann? Mir eine Magd suchen, die du nicht heiraten musst, deren Kontakt mit dir ich erlaube, und wenn dann ein Kind entsteht, bin ich bei der Geburt dabei und es wird sein wie mein Kind.

Der Jakob, dem war versprochen worden, ein großes Volk würde aus ihm werden. Am Ende zwei Ehefrauen, zwei Mägde, elf Söhne, eine Tochter. Solange er bei Laban, bei seinem Schwiegervater und Onkel sich befindet. Ein einziger Sohn ist dabei, der wirklich geboren wird von der geliebten jüngeren Ehefrau. Man kann sich vorstellen, wie es im Haushalt rundgegangen sein mag. Und dennoch, bei so vielen Söhnen darf man stolz sein, und bei so vielen Söhnen trägt man Verantwortung und kommt auf die Idee, lieber Schwiegervater, lieber Onkel, ich bin reich beschenkt mit deinen Töchtern und deinen Enkeln, aber wenn ich jetzt heimkehren möchte, dann muss mehr sein, dann braucht es auch noch Besitz.

Wieso heimkehren? Du hast meine Töchter, meine Enkel sind hier, wieso heimkehren? Ich habe das Erbe meines Vaters anzutreten, es muss sein. Und wieder, mit leichtem Betrug und leichtem Geschummel, mit Glück oder mit Schicksal vermengt, erschleicht der Jakob sich Besitz nach einem Vertrage, den er macht mit seinem Schwiegervater.

Von nun an, sieben Jahre lang, soll alles gefleckte Vieh, das geboren wird, mir gehören und alles einfarbige, also alles reine, alles schwarze, alles weiße, das soll dein sein. Und Jakob ist's, der die Herden hütet, und dann heißt es, er schält Weidenzweige, aber immer nur zur Hälfte, und immer wenn die starken Tiere zur Tränke gehen, wirft er diese Zweige davor, damit sie sich paaren.

Dass das gelingt, glaubt kein Mensch, aber in der Bibel funktioniert es. Die starken Tiere zeugen geflecktes Jungvieh, und das ist seins, und dann, immer wenn die schwachen Tiere kommen und da keine Zweige liegen und die sich paaren, wird einfarbiges Vieh draus, Vieh, das nicht so stark ist, das zu den Schwachen gehört, und das darf dann der Laban besitzen.

Das kann nicht lange gut gehen, irgendwann wird es auffallen, dass da was nicht mit rechten Dingen zugeht. Man fragt sich, wer schreibt solch eine Geschichte auf, wer kommt auf eine Idee mit halb geschälten Weidenzweigen? Ist das vielleicht eine Geschichte davon, dass man Erklärungen sucht? Das kann doch gar nicht sein, dass eine ganze Zeit lang das starke Vieh nur das gefleckte ist und das schwache Vieh das einfarbige. Das kann gar nicht sein, der muss betrogen haben, der muss geschummelt haben.

Muss er? Schauen Sie mal in Ihr Leben, schauen Sie mal in die Menschen, die Sie kennen. Kennen Sie nicht auch den Gedanken, wenn da einer immer nur Glück hat, wenn dem alles gelingt, da kann was nicht mit rechten Dingen zugehen? Wer weiß, wie der sonst ist, wer weiß, ob er nicht doch den einen oder anderen Hinterhalt gelegt hat für diesen oder jenen, damit er der Sieger bleibt.

Ein bisschen so wird da gehändelt, um Recht und um Gerechtigkeit geht's da. Aber was ist Recht, was ist Gerechtigkeit? Rebekka und Esau, Mutter und Sohn, Rebekka und Jakob, Mutter und Sohn; doch Rebekka und Jakob haben dem, was sie für Recht hielten, nachgeholfen. Gerecht war das nicht. Laban hat Tradition und Gesetz walten lassen, als er seine ältere Tochter zuerst verheiratete. Ehrlich war das nicht. War es richtig?, stellt sich die Frage, und wir erleben ganz schnell: Wird aus Recht richtig, werden aus ehrlich und unehrlich ganz neue Kategorien.

Jakob hat mit Laban klare Verhandlungen geführt, mit Geschick und Glück ist sein Schicksal gelenkt worden. Ging das mit rechten Dingen zu? Ist das Recht, ist das gerecht? Als die sieben Jahre um sind und genügend Neid bei den anderen gewachsen war, war es wieder Zeit zu gehen, und wieder war er auf der Flucht mit den Konsequenzen seines Handelns im Gepäck, im Herzen und auf der Seele. Ist das ein geglücktes

Leben? Beschenkt mit vielen Kindern, beschenkt mit Frauen, beschenkt mit Besitz und dennoch auf der Flucht zum zweiten Mal.

Eine Geschichte habe ich Ihnen erzählt, in der es menschlich, allzu menschlich zugeht. Mit Träumen und Wünschen, mit Zank und Streit, mit Betrug und Scheitern, mit Glück und Schicksal. Und wo ist Gott in der Geschichte? Als Jakob flieht nach Haran, ganz alleine durch fremdes, unbekanntes Land, irgendwann wendet er sich zur Ruhe mitten in der Wildnis. Alles ist da so, wie er es von zu Hause nicht gewohnt ist. Von der Mutter behütet zu werden heißt, sicher untergebracht zu sein, na selbstverständlich. Dort im Freien, ein Stein als Kopfkissen, ein Baum mag da gewesen sein, vielleicht eine Anhöhe, weil man von der aus den Überblick übers Land hat, und er bettet sich zur Ruhe und er träumt.

In dem Traum des Jakob gibt es eine Verbindung wie eine Leiter von der Erde zum Himmel, vom Himmel auf die Erde. Und in seinem Traum ist es, als ob da Engel, als ob da Boten Gottes daran hinauf- und wieder hinuntersteigen. So was träumt einer, der betrogen hat und der sich auf der Flucht befindet?

Als er am nächsten Morgen aufwacht, besinnt er sich, was gewesen ist, versteht, womit er vielleicht nicht gerechnet hat. Das war nicht Zufall, das war nicht Wunschtraum, das war Gott selbst in dieser Nacht. Ich, der ich betrogen habe und auf der Flucht bin, ich habe meinen Gott so nahe, so nahe, wie ich nie damit gerechnet hätte. Und er verspricht, alles, was ich haben und sein werde, will ich diesem Gott anvertrauen und übereignen. Und er schafft eine heilige Stelle, einen heiligen Ort, indem er Öl auf diesen Stein gießt und diesem Ort einen Namen gibt.

Der Ort, wo das Haus Gottes ist, Beth-El, das ist „da“, und alle sind verwirrt. Ein Betrüger, ein Betrüger bekommt einen Segen, denn auch Gott sagt, ich bin mit dir und will dich behüten, wo du hinziehst. Kann Gott es ertragen, wenn ich mich einmische in mein Schicksal, werde ich dafür sogar noch belohnt? Es kommen die schweren und schönen Jahre in Haran, und dann kommt diese Flucht von dort. Er flieht, um wieder nach Hause zu kommen, mit welchen Gefühlen im Herzen? Alles, was er bei sich hat, alle Menschen und aller Besitz, vielleicht hat er ihn sich selber irgendwie erarbeitet, irgendwie erschwindelt. Aber wäre es dazu gekommen ohne die Nähe Gottes?

Er verlässt Haran und geht auf eine unsichere Zukunft zu. Sein Ziel ist das Zuhause. Wer aber wartet, ist der ältere Bruder, und muss der nicht aufrichtig zornig sein? Wenn dessen Lebensgeschichte konsequent weiter verlaufen ist, dann wird Jakob dem Ansturm des Bruders und seinem Zorn kaum standhalten können.

Und Jakob sucht nach Wegen. Er teilt Herden, alles Vieh, allen Besitz auf, halbiert das, lässt das eine Lager hier aufschlagen, das andere Lager anderswo. Wenn jetzt der Bruder kommt, wird er immer nur die Hälfte zerstören, immer nur die Hälfte zu sich, zu seinem Eigentum machen, und Jakob redet mit Gott und bittet ihn darum, dass ihr ihn bewahre vor dem Zorn seines Bruders.

Ja, kann denn das sein? Ein Mann, der 20 Jahre lang hat wachsen dürfen, Verantwortung zu übernehmen gelernt hat. Einer, der immer das richtige Händchen, das richtige Glück, das richtige Geschick besaß, wird von Angst und Sorge zerfressen, zur Tatenlosigkeit verurteilt, kann das sein?

In der Nacht, bevor die Begegnung nun wirklich bevorsteht, nimmt er seine Frauen und seine Kinder, schickt sie über eine Furt am Jabbok-Fluss, er selber bleibt zurück. Und diese Nacht vor der Begegnung, die soll zur entscheidenden werden. Er gerät in einen Kampf, da steht „ein Mann kämpft mit ihm“, und sie kämpfen die ganze Nacht, und der Kampf wogt hin und her und keiner siegt und keiner verliert. Er erhält einen Schlag auf die Hüfte, er bricht ein, er ist gezeichnet, und dennoch verliert er nicht und der andere siegt nicht. Der andere will dann fliehen und Jakob hält ihn fest: Ich lasse dich nicht, du segnest mich denn. Ich lasse dich nicht eher los, bis du mich nicht segnest.

Ein Kampf, mit wem? Kämpft Jakob da den Kampf mit sich selbst? Ist es wirklich nur irgendein fremder Mann oder ist es das, was Jakob spürt? Es ist ein Kampf, in dem es um das geht, was im Leben wirklich wichtig ist, ein Kampf mit seinem Gott, ein Kampf um den Segen, der wirklich nötig ist. Er bekommt diesen Segen Gottes und er bekommt noch mehr. Gott spricht zu ihm: Jetzt ist es Zeit, du hast mit Menschen und mit Gott gekämpft, du sollst von nun an „Israel“ heißen. Aus dir wird das Volk, das ich mir zu meinem Volk ersehen habe. Von nun an bin ich da ohne Wenn und Aber.

Die Verbindung zwischen Himmel und Erde, manchmal traumhaft schön und manchmal bedrohlich gewaltig. Zu meinem Gott zu gelangen, das wünschten wir uns immer als traumhaft einfaches Geschehen, und es ist dennoch immer wieder ein Kampf, der meine Seele und mein Leben betrifft. Kann ich, will ich, muss ich glauben, kann ich, will ich, werde ich mit dem leben können, was Gott für mich bereithält? Kann ich loslassen von meinen Zielen und denen folgen, die Gott für mich vorgesehen hat?

Nach diesem Kampf ist alles ganz einfach. Jakob ist gezeichnet für ein Leben, nie wieder wird er gerade gehen, er wird hinken bis zum Ende seines Lebens. Aber die Angst, die ist vorbei. Er begegnet seinem Bruder Esau, er hat vorsorglich gutes Vieh aussortiert und ihm entgegengeschickt, schon jetzt als Wiedergutmachung, und der Bruder steht vor ihm und er sagt: Was soll mir das alles, ich brauche gar nichts von dir.

Siehe, ich habe selber genug, auch ich habe etwas aus meinem Leben gemacht.

Die Angst, die hat ihn fast am Leben gehindert, den Jakob. Die Angst, die hat ihn sich völlig verändern lassen, nichts war mehr übrig von dem verantwortungsvollen Anführer. Nach dem Segen gibt es keinen Grund mehr für Angst. Und da gelingen sogar Situationen über allen Verstand hinaus. Der Zorn ist längst gewichen. Was hilft auch ein Zorn, der mein Leben bestimmt? Mit dem weniger Wertvollen hat der ältere Bruder Gutes geschaffen auch für sich, Familie, Besitz, das Gefühl, selber im Glück gewesen zu sein. Was soll da die alte Geschichte?

So leicht geht Versöhnung, ach, wäre es bei den Menschen so einfach. Ich brauche nichts von dir, ich habe, was ich brauche, und noch mehr. Ein Zeichen der Versöhnung gibt Jakob seinem Bruder, wichtig ist, dass sie sich wiedergefunden haben. Ach, wäre es bei uns so einfach. Selbst wenn wir gezeichnet aus diesem Kampf um den Glauben an Gott hinausgingen, wären wir dann sicher vor aller Angst und vor allen Schwierigkeiten miteinander?

Ich lasse dich nicht, du segnest mich denn! Mit dem Segen unseres Gottes ist alles möglich. Auf anderen Wegen, als Sie erwartet haben, vielleicht, aber es wird jedenfalls immer Wege geben, die ich gehen kann. Es wird Menschen geben, die mir überraschend versöhnlich entgegenkommen, es wird neue Wege geben, wo immer alte zu Ende gegangen sind.

Die Hoffnung aus der Geschichte von Jacob Israel, die reicht hinüber bis zu uns. So viel Nähe Gottes kann ich Ihnen nicht so sichtbar versprechen, diese Nähe Gottes, die braucht keine sichtbare Verbindung, die Nähe Gottes braucht, dass wir sie für möglich halten. Ich wünsche uns allen, dass das gelingt.

Wunder

Gott unser Vater schenkt uns dieses Leben, er vertraut uns die Welt an da draußen, dass wir sie bewahren, dass wir sie bebauen. Gott unser Vater mutet uns immer wieder ein Leben zu voller Wunder und voller Schicksalsschläge. Sein Sohn Jesus Christus lehrt uns zu leben, wie Gott es will.

Auf den Nächsten zu achten, der gerade uns braucht, ihm mit Liebe und der Bereitschaft zum Vergeben zu begegnen. Immer wieder führt uns das an unsere Grenzen, an die Grenzen unserer Geduld, an die Grenzen unserer Kraft, an die Grenzen unserer Fähigkeit, wirklich zu vergeben. Wir brauchen den Heiligen Geist, die Kraft unseres Gottes hier bei uns Menschen, damit wir wagen zu gestalten, was uns anvertraut ist, damit wir wagen, immer wieder aufeinander zuzugehen, damit wir offene Herzen und Sinne haben, diese Wunder Gottes da draußen und in unserem Leben zu spüren, zu finden und dankbar anzunehmen.

Feiern wir im Namen Gottes des Vaters und des Sohnes und des Heiligen Geistes, Amen.

Herzlich willkommen heute Morgen an diesem strahlend schönen Aprilsonntag, ohne Schnee und Hagelschlag. Manch einer hat draußen gleich gesagt, ach, wie schön ist das im Augenblick. Wenn ich unsere Konfirmandinnen und Konfirmanden angucke, na ja, das ist der Lauf der Welt, das passiert jedes Jahr wieder, und dann scheint auch mal die Sonne.

Ist das der Lauf der Welt und es passiert ohnehin, oder ist das vielleicht auch ein bisschen mehr? Können Sie noch staunen über die kleinen und großen Wunder da draußen? Manchmal braucht man andere, die einem die wieder zeigen. Manchmal sind es die ganz Kleinen, die ankommen mit dem Mariakäfer auf dem Finger, die ganz Kleinen, die kommen mit einem glitzernden Stein oder mit einem „Guck mal, die Wolke".

Wieder staunen zu lernen, wieder dankbar zu sein, das sei ein Schritt, den wir heute miteinander beginnen wollen. Von welchen Wundern werden Sie denn reden?, bin ich gerade vorhin gefragt worden. Natürlich von den Wundern in der Bibel, oder? Aber vielleicht doch ein bisschen von dem, was Wunder überhaupt sind. Um die beurteilen zu können, brauche ich zunächst einmal einen sehr gesunden Verstand für das, was „normal", und das, was „möglich" ist.

Alles, was „normal" und was „möglich" ist, lässt sich erklären. Den Naturgesetzen folgend geschieht eben manches, und dann, wenn etwas passiert, was nicht normal und eigentlich unmöglich ist, dann erlebe ich ein großes Unglück oder eine große Katastrophe, oder ist es das Schicksal oder ist das ein Segen? Ist das ein Wunder?

Der Tsunami war sicher kein Wunder, wohl aber eine Katastrophe, weil es so viele Opfer gegeben hat. Der war zwar nicht „normal", weil es selten so ein Ausmaß hat, wenn es geschieht, und dennoch ist es etwas, was möglich und nachvollziehbar ist. Unsere Jugendlichen wären die Ersten, die mir erklären, wenn Tektonik und Reibung in der Tiefe der Erde geschieht, dann baut sich eine Spannung auf, die löst sich in einem Be-

ben, und wenn's im Wasser geschieht, kann geschehen, dass ein Tsunami passiert, das sind Naturgesetze. Dazu brauche ich Gott nicht, das kann ich alles erklären.

Wenn Menschen nach schwerer Krankheit trotz anderslautender Prognosen plötzlich gesund werden, dann steht schnell in der Zeitung, da sei das Wunder einer Spontanheilung geschehen. Oder war das nur ein ganz normal möglicher Prozess eines Körpers, der über noch nicht voll erklärbare und definierte Möglichkeiten zur Selbstheilung verfügt? Hochgestochene Worte, mit denen Menschen den Wundern des Lebens immer wieder begegnen? Wunder gibt es immer wieder, manchmal muss man fragen, um sie zu verstehen, das singt sogar ein Schlager.

Wo kommt denn nun Gott ins Spiel, wenn ich Ihnen von Wundern erzähle? Urknall und Evolutionstheorie mögen längst nicht endgültig bewiesen sein, und dennoch sind sie der moderne Stand der Wissenschaft zur Erklärung der Entstehung der Welt. Erklärungen, zugegeben komplexer und tiefgehender als das, was wir in unserem Schöpfungsbericht lesen, und trotzdem gab es auch vor etwa 3 000 Jahren, als das entstanden sein mag, ein ganz tiefes Wissen um die Zusammenhänge und auch um die Reihenfolge dessen, was geschehen ist, und vielleicht gab's damals noch viel mehr.

Selbst wenn man versuchte zu erklären, wenn man versuchte, in sinnvollen Zusammenhang zu setzen, gab es da etwas, was uns heute immer mehr abgeht: ein ganz selbstverständliches Wissen davon, dass in allem, was passiert, Gott wirkt. Selbst wenn ich alles erklären und durchschauen kann, ist das so groß, so wunderbar geordnet, dass das mehr sein muss als Zufall und Aktion und Reaktion. Die ordnende wirkende Kraft Gottes, die wird heute infrage gestellt.

Natürlich, wir Menschen sind weiter in der Entwicklung, wir erleben wieder draußen, wo Wunder möglich sind, weil

Menschen sie schaffen, neue Erfindungen, neue Technik, staunenswert großartig. In der Bibel, keine Frage, da verstehen die Menschen, dass auch all ihr Vermögen nicht zufällig von oben regnet. Alles, was sie zu tun vermögen, und alles, was gelingt, gelingt mit der Hilfe und dem Segen Gottes ganz selbstverständlich und keiner fühlt sich deswegen kleiner, keiner fühlt sich deswegen eingeschränkter.

Waren die Menschen damals denn dumm, dass sie das glaubten? Konnten die nicht sehen, dass sie stolz sein dürfen auf all das, was sie schaffen, auch ohne diesen Gott? Und immer wenn ich solche Fragen stelle, wird deutlich, Menschen heute haben Mühe, einfach zu glauben; zu glauben scheint, ängstlich zu sein, Angst zu machen. Zu glauben heißt, ich verlasse mich nicht nur auf mich selber, nicht nur auf das, was ich kann, nicht nur auf das, was ich leiste. Ich verlasse mich darauf, dass es da einen gibt, der das Seine dazu tut, wenn meine Kraft und meine Fähigkeit zu Ende gehen. Gott in der Bibel als der Urgrund allen Seins, als der Schöpfer aller Dinge, als der Begleiter der Menschen, der handelt immer wieder wunderbar, auf gewöhnliche und auf ungewöhnliche Weise. Auch wenn Sarah lacht, weil sie viel zu alt ist, um noch ein Kind zu gebären, wird sie einen Sohn bekommen, denn bei Gott ist nichts unmöglich.

Mit gruseligen Plagen zwingt Gott den Pharao, sein Volk ziehen zu lassen. Einfach nur Naturerscheinungen und dennoch Dinge, die zur rechten Zeit geschehen? Es gibt keinen Weg durchs Wasser, und die Israeliten ziehen doch mitten hindurch und werden gerettet. Es kann kein Brot vom Himmel regnen, und doch findet das Volk am nächsten Morgen Manna rings um ihr Lager verteilt. Es gibt nicht, es geht nicht, es kann nicht sein, und doch geschieht es, dass der Schwache den Starken besiegt, dass nicht einmal tot tot bleibt bei Gott. Immer wieder gibt's Bedrohung und Rettung. Und sind die

Menschen wirklich dümmer oder sind sie klüger gewesen, weil sie genau spürten, dass Menschen immer wieder an Grenzen stoßen, dass der richtige Augenblick, der Segen des rechten Tuns nur geschehen kann mithilfe dieses Gottes?

Was ich erklären kann, das kann ich auch nutzen, was ich erklären kann, das muss ich manchmal auch aushalten. Mit Gott mag es leichter gehen, behaupte ich. Das heißt nicht, dass Glauben und Verstand sich ausschließen, das heißt nicht, dass ich aufhören soll, zu fragen und zu erklären. Das heißt, dass ich all das nutzen soll, denn auch das sind Gaben Gottes, und dass ich dennoch begreifen kann, dass mit diesem Segen mehr möglich ist. Vieles kann ich erklären, aber ich muss es dann auch aushalten, und wenn ich mit Gott erkläre und mit Gott aushalte, dann mag der Unterschied sein, dass, so tief ich auch sinke in Traurigkeit und Angst, am Ende das bleibt, was Hoffnung heißt.

Wenn Gott Wunder tut, dann höre ich immer wieder von Menschen, mag er sie doch am liebsten so tun, wie es mir gefällt. Eigentlich am liebsten genau zu der Zeit, wo ich sie brauche, am liebsten genau für die Menschen, die ich lieb hab, und am allerliebsten genau für mich. Und wenn Gott seine Wunder zu anderer Zeit, am anderen Ort und bei anderen Menschen tut, gibt es ihn dann nicht, oder ist er nur für mich gerade nicht zu sehen und zu finden?

Predigt über Wunder, das habe ich mir heute Morgen klargemacht, ist immer auch eine Predigt über Glauben und Zweifel, vergebliche Suche und immer wieder das Neue beginnen, hoffentlich, voller Hoffnung. Gott zeigt sich auf seine Weise, im Großen und im Kleinen, unglaublich, glaublich, ganz nah.

Im Neuen Testament sind sie vielfach berichtet, die Wunder, die Jesus tut, und eigentlich ist er selber vielleicht das allergrößte Wunder? Das kann nicht gehen, es kann überhaupt nicht wahr sein, und dennoch ist er geboren als Mensch aus Gott und Menschen? Hat's den Heiligen Geist gegeben, und wie kann das sein, dass eine Frau schwanger wird? Die Kleinen wagen zu fragen, die Großen sagen, darüber redet man nicht. Wie kann das gehen? Es ist gegangen, er ist geboren als Mensch, von Mensch und Gott zugleich, er ist gestorben und richtig tot gewesen, ist auferstanden. Das sollen wir glauben, und Glauben und Wunder, so wird da berichtet, brauchen einander immer wieder.

Draußen vor der Tür *(der Kirche)*, von vielen kaum noch bemerkt, weil es ihn inzwischen schon seit mehr als zwei Jahren gibt, unseren Christus, der dem Thomas die Hände reicht, ist eine dieser Geschichten dargestellt. Es gibt Dinge, die konnten auch diejenigen nicht glauben, die diesem Jesus Christus ganz nahe waren. Thomas, der Jünger, der hört, er sei auferstanden, hatte die gleichen Zweifel wie Menschen heute immer noch. Da können Frauen ruhig kommen und jubelnd von der Auferstehung berichten, das kann nicht sein. Wie soll denn das auch gehen? Das kann ich nur glauben in dem Augenblick, da ich ihm selber begegne, und wenn ich dann noch meine Hände in seine Wunden legen kann, von dem ich gesehen habe, wie sie entstehen, dann, dann erst kann ich glauben.

Und es geschieht, Er zeigt sich dem Thomas, Er reicht ihm die Hände, „fass an", und Thomas fällt ihm zu Füßen, „mein Herr und mein Gott", und die Antwort Jesu lässt mich immer wieder schmunzeln, ach, „hättest du doch gleich geglaubt und nicht erst wissen müssen".

So anders sind die Menschen damals gar nicht gewesen als wir. Begründete Zweifel gibt es immer wieder, und etwas zu wissen ist sehr viel einfacher, als einfach nur zu glauben. Damals wie heute sind die, die an Wunder glauben, die mit einem Kinderglauben, und Zweifel und Erklärungsnot gehören immer dazu. Und dennoch, wenn Sie in die vielen Geschichten schauen, die da berichtet werden, sind Wunder ein ganz wichtiger Teil des Erlebens dieses besonderen Rabbis, so möchte ich das nennen.

Kennen Sie die Geschichte von der sogenannten blutflüssigen Frau, die sich von hinten nur nähert und nur sein Gewand berührt, und als er sich umdreht und sie fragt, was sie will: „Herr, gesund werden“, und wenn ich dir nur nahe bin, wird's geschehen. Ist die dumm? Es geschieht, sie wird gesund in diesem Augenblick, „dein Glaube hat dir geholfen“ ist das, was Jesus zu ihr sagt.

Da ist ein Junge, besessen, so heißt es, von einem bösen Geist. Wenn wir heute versuchen, das zu verstehen, kommen wir am ehesten auf die Idee, das mag so was wie Depression gewesen sein oder in anderen Fällen so was wie ein ganz hohes Aggressionspotenzial, schön neudeutsch war das so was wie ADHS, ein Aufmerksamkeitsdefizit-Hyperaktivitätssyndrom, irgendwas ganz Großes, ganz Schwieriges. Und ein Vater bringt diesen Knaben zu Jesus. „Was soll ich ihm tun?“ – „Herr, lass ihn heil werden, Herr, ich glaube, hilf meinem Unglauben, du kannst es tun, dass es geschieht.“ Heute bekommt man in einem Fall Ritalin, im anderen Fall Antidepressiva, und damals ist der Knabe gesund geworden. Das kann nicht sein, das ist nicht möglich, was werden denn da für Märchen berichtet?

Vier Freunde bringen einen fünften, der nicht mehr laufen kann, völlig gelähmt, er kann sich nicht rühren. Sie wollen ihn zu Jesus bringen und erleben, das Haus ist voll mit Menschen, sie kommen nicht zu ihm. Eine Menge Ideen setzen sie ein, eine Menge Kraft, sie decken ein Dach ab und lassen den kranken Freund hinunter. Na, das hätte Ärger gegeben wegen Sachbeschädigung, einfach fremde Menschen, die ein Dach kaputt machen, voll guten Willens für den Freund. Wenn einer helfen kann, wo nichts mehr hilft, dann muss das Jesus sein. Sie lassen ihn hinunter, diesen Mann, der sich nicht mehr rühren kann. Und was tut Jesus? Der sagt, deine Sünden sind dir vergeben.

Ja, dann muss man doch eigentlich ein CT machen, lernen wir heute, um die Ursache wirklich herauszubekommen. Lange Therapien und Krankengymnastik, damit wieder irgendetwas in Gang kommt. Und was sagt Jesus? Deine Sünden sind dir vergeben! Kein Wunder, dass sich schon Menschen in direktem Kontakt damals empören. Wie kann dieser Mann einfach sagen, dir seien Sünden vergeben? Das steht dem überhaupt nicht zu. Und Jesus pariert: Was ist denn leichter zu sagen, deine Sünden sind dir vergeben oder steh auf, nimm dein Bett und geh? Ihr empört euch? Na, dann passt mal auf: Steh auf, nimm dein Bett und geh! Und er steht auf, nimmt sein Bett und geht. Eine Märchengeschichte oder viel mehr? Eine Wunderheilung, eine spontane Heilung, wie Menschen sie sich erhoffen und wünschen?

Ein Blinder sitzt am Straßenrand. Es geschieht ein Aufruhr, im Dorf erzählt man, Jesus kommt, und der Blinde, der nicht sehen kann, wann und wo und wie, der schreit zur rechten Zeit: Herr, erbarme dich. Und die anderen verbieten ihm den Mund, sei still, für dich kommt er nicht. Herr, erbarme dich – und das Wunder geschieht, dass Jesus ihn hört, dass Jesus ihn zu sich bringen lässt. Was willst du, das ich dir tue? Herr, zu sehen begehre ich. Und in diesem Augenblick gehen ihm die Augen auf und er folgt ihm nach und lobt Gott.

Wunder? Märchen? Spontanheilungen? Alles nur Gerüchte?, lässt sich fragen. Auch damals waren Menschen nicht weniger kritisch und skeptisch als Menschen heute, und wenn dennoch diese Berichte in großer Zahl zu finden sind, was war denn da? Ich werde immer wieder gefragt, wie ich das Ganze denn erkläre, denn einfach hinzunehmen fällt uns unendlich schwer.

Vielleicht waren das einfach wirklich nur Heilungen. In diesem Augenblick, aus lauter Vollmacht geschehen, nicht zu verstehen, ein großes Geschenk. Vielleicht waren die Wunder auch ganz anders. Wenn einer gelähmt ist, wenn einer nicht mehr aus sich herauskann, wenn einer keinen Weg mehr sieht für sein Leben, keinen Schritt zu tun vermag, dann ist er wie gelähmt. Und wenn da einer sagt, deine Sünden sind dir vergeben, alles, was in deinem Leben nicht richtig gewesen ist, alles, was dich beschwert und dich hindert, weiter zu tun in deinem Leben, all das sei dir vergeben, dann kann es auch geschehen, dass einer ganz anders wieder auf die Füße kommt, dass einer wieder Mut fasst, dass einer wieder Möglichkeiten sieht, endlich wieder auf eigenen Beinen zu stehen.

Wenn einer blind ist, ganz wirklich körperlich blind, dann kann es leicht geschehen, auch heute noch, dass er nicht nur nicht sieht, sondern eigentlich nur am Rande sich befindet, nicht mehr teilnehmen kann am Leben, nur noch lebt durch seine Einschränkung, durch seine Behinderung. Vielleicht hat er hinterher wieder rein sachlich medizinisch korrekt gesehen, vielleicht sind ihm aber auch einfach nur die Augen aufgegangen auf ganz andere Art und Weise. Da gibt es viel mehr Möglichkeiten, viel mehr Fähigkeiten als nur die, die fehlt. Er folgte Jesus nach, heißt es, er hat einen neuen Weg für sein Leben gesehen, gefunden und ist ihn gegangen, könnten wir auch übersetzen. Er hat wieder gesehen, vielleicht nicht die Blumen in rot und in gelb und in blau, vielleicht nur das Geschenk des Lebens und die Möglichkeiten.

Es gibt einfache Erklärungen für besondere Fähigkeiten. Vielleicht war das Wunder, das geschehen ist, das Wunder der Begegnung zur rechten Zeit mit einem, der genau hingehört und hingesehen hat, was denen eigentlich fehlt, die da kommen. Da wagt einer Dinge zu sagen, die kein anderer sagt, da lässt einer heil werden an Stellen, wo es keine Heilung mehr zu geben scheint. Ist das ein Wunder? Ist das ein Geschenk Gottes? Ist das einfach ein Segen? Er war nicht nur Mensch, er war ja mehr. Das Wunder seiner Geburt, das Wunder seines Lebens, sogar das Wunder seines Todes und seiner Auferstehung sind die Wunder, die uns hier zusammenkommen lassen.

Sollen wir da immer nur rechnen und zweifeln und Beweise zählen, oder wird es Zeit, dass wir auch langsam wieder richtig hinzusehen lernen auf die Wunder in unserem Leben, auf das, was bei uns heil werden kann und soll, auf die Menschen, die uns zur Seite stehen, damit die nächsten Schritte, der nächste Blick, der nächste Weg möglich werden? Und dann ist es ein Wunder, wenn der Verstand so weit ist zu begreifen, dass das mehr ist als Zufall und Schicksal, dass das Spuren Gottes sind? Kennen Sie das, glauben? Wollen Sie das, glauben? Wunder schaffen, dass Leben für einzelne Menschen ganz neu wird, sich verändert, dass nichts mehr ist wie vorher, dass da was heil wird, das vorher nicht gut war, und dann gibt es noch eine Menge anderer Wunder, da fragt man sich, warum geschehen denn nun die?

Ganz am Anfang seiner Zeit am See Genezareth, da wo es eine Menge Fischer gibt, mischt sich einer, der doch offenbar Zimmermann gelernt hat, ein in die Arbeit dieser Fischer. Nichts gefangen und es ist hoher Tag, fahr doch noch einmal raus. Wenn ich heute Anglern begegne und erstens rede, während die angeln, und es zweitens auch noch besser weiß, ohne selber ein Angler zu sein, vielleicht reden die gar nicht mit mir aus lauter Empörung, oder aber die Empörung verschafft sich Luft und ich kriege genau zu hören, wie man's richtig macht.

Ob das Jesus damals so gegangen ist, wird nicht berichtet. Tatsache ist, aus irgendeinem Grunde fahren die auf sein Wort hin noch einmal hinaus. Haben die Mitleid, sind die so verzweifelt, dass sie sagen, ganz gleich, ob wir was fangen oder nicht, jeder Versuch ist eine neue Chance? Sie fahren hinaus, und auch wenn es gar nicht die Zeit ist, die Netze sind so voll, dass sie sie kaum wieder einzuholen vermögen. Sie kommen an Land, ganz bestimmt glücklich über das, was passiert ist.

Na ja, das kann ja nicht in jedem Fall ein Wunder gewesen sein, da hat sich vielleicht einfach ein Fischschwarm verschwommen. Hatte Jesus so was wie ein Echolot?, war auch schon mal die Idee von Konfirmandinnen und Konfirmanden. Der hatte mehr gesehen, vielleicht auch das. Das eigentliche Wunder, das da geschieht, sind aber nicht die vollen Netze. Das eigentliche Wunder, das da geschieht, ist, dass Jesus kurz darauf sagt, lasst alles hier, was ihr habt. Diesen großen Erfolg, den ihr gerade erlebt habt, lasst hier eure Familie, lasst hier eure Arbeit, euren Alltag, lasst alles hier, was ihr habt, und folgt mir nach. Und auch das ist noch nicht das Wunder, das eigentliche Wunder ist, dass die das wagen – alles, was sie haben, alles, was sie kennen, alle Menschen, die ihnen vertraut sind, lassen sie zurück und folgen nach.

Kennen Sie solche Augenblicke, kennen Sie vielleicht den Augenblick zu entscheiden, das kann ich nicht? Kennen Sie dieses Gefühl von Verantwortung, die ganz schwer wiegt? Da muss man mehr tun, als nur den Alltag zu bewältigen, da hat man immer den Blick auf die Zukunft dabei, da sind doch Menschen, für die ich da sein muss, da sind doch Dinge zu bewältigen in den nächsten Tagen. Vielleicht habe ich einen Lebenstraum, vielleicht habe ich eine Sehnsucht, vielleicht möchte ich unbedingt dieses und jenes tun und erleben. Aber es kann doch nicht sein, die Verantwortung wiegt schwerer, die Pflicht ist wichtiger in diesem Augenblick.

Lasst alles zurück, was ihr habt, ich will euch zu Menschenfischern machen, ich will euch etwas geben, mit dem ihr nicht rechnet. Ihr sollt nicht mehr Fische zählen in Kilo oder Tagesrationen, ihr sollt alle eure Fähigkeiten zu nutzen lernen, die ihr längst habt, um anderen Menschen zu begegnen, um andere Menschen zu begeistern, um eine ganz andere Art von Lebensunterhalt zu schaffen. Nicht nur Essen und Trinken, Kraft und Mut und Hoffnung brauchen Menschen zum Leben, und genau ihr könnt helfen.

Das Wunder, das da geschieht, ist, dass Menschen ihr Leben ansehen, was wertvoll ist, und in dem sie vieles geschafft haben, was ihnen wohl vertraut ist, in dem sie angekommen sind, was einfach Sicherheit gibt und Halt, und dass sie es wagen, darüber hinauszusehen und darüber hinauszugehen für sich, aber vor allen Dingen für andere, und noch ohne zu wissen, was auf sie zukommt.

Unendlich viele Menschen, mal heißt es 4 000, mal heißt es 5 000, kommen zusammen, um Jesus zu hören, und die sind so begeistert, dass sie Stunde um Stunde zuhören. Einen ganzen Tag. Dass die auch abends nicht nach Hause gehen – unglaublich, oder? Einen ganzen Tag, ohne Ende. Was muss der ihnen zu sagen gehabt haben? Alles Geschichten zum Zuhören. Wenn einer mit solch einer Fähigkeit, Menschen zu begeistern, redet, dann müssen doch Botschaften drinstecken, die so wichtig sind, dass man denkt, ich kann jetzt nicht gehen, dann verpasse ich vielleicht das Allerwichtigste.

Eine unendlich große Zahl von Menschen, und es wird Abend. Statt dieses wunderbare Erleben zu genießen, diese Kirchentagsstimmung am See Genezareth, kommen die Jünger und bringen die Realität ins Geschäft. Herr, es wird Abend. Ja, und? Herr, du musst die Menschen nach Hause schicken. Warum? Es wird Abend, und wir müssen denen zu essen geben. Ja, und? Wir haben nicht genug. Ach, was haben wir denn noch? Fünf Brote und zwei Fische für 4 000 oder 5 000 Menschen. Wunderbar, so teilt sie aus! Wenn ihnen das gestern passiert wäre, hätten sie das Zittern gekriegt, und das waren viel weniger als 5 000 Menschen. Und Jesus lässt verteilen und am Ende sagt er, und nun sammelt die Reste ein.

Ich erzähle die Geschichte so, dass ich jetzt wirklich Zuhörer habe. Aus fünf Broten und zwei Fischen werden zwölf Körbe von Resten. Und eine meiner Lieblingsfragen ist, was ist da passiert? Erste Antwort: Jesus hat gezaubert. Das kennen wir alle aus dem Märchen mit dem Töpfchen voll Brei, der immer weiterkocht. Nein, Jesus hat nicht gezaubert. Dann waren die alle so bescheiden, dass jeder nur ein winziges Krümelchen genommen hat. Dann können von fünf Broten und zwei Fischen nicht zwölf Körbe voll übrig bleiben, geht nicht.

Das eigentliche Wunder, das passiert ist, ist, dass die Menschen endlich aufgehört haben, Angst zu haben, dass sie nicht genug kriegen. Das Wunder, das passiert sein könnte, ist, dass jeder seine Tasche aufgemacht hat. Da war noch ein Hustenbonbon, da war noch ein Apfel, da war noch ein Stück Käse, da war noch ein Laib Brot, und wenn alle ohne Angst das, was sie haben, zusammentun, ohne Angst und Sorge miteinander teilen, dann passiert ein Wunder, dann werden auch von fünf Broten und zwei Fischen 4 000 oder 5 000 Menschen satt und es bleibt noch was übrig.

Wunder, die welche sind, weil Menschen sich verändern, Wunder, die welche sind, weil einmal die Angst weg ist. Das, was uns das Leben am allerschwersten macht, sind Angst und Sorge. Wie kann es weitergehen? Wird es überhaupt weitergehen? Wird es reichen für mich, wird es reichen für uns? Und wenn das alles weg wäre, das wäre schön.

Genau in dieses Wunder hinein passt das andere von dem großen Sturm auf dem See. Der See Genezareth heißt nur See und ist dennoch viel mehr als ein Teich. Da können Schiffe fahren, und wenn es stürmt, dann gibt es mächtig hohe Wellen. Dieser See Genezareth ist für Jesus und seine Jünger immer wieder ein Ort, auf dem man zur Ruhe kommen kann. Da fährt man hinaus, um Abstand zu gewinnen von dem Volk, das immer Ansprüche hat, immer Bedürfnisse hat, die befriedigt werden müssen. Da auf dem See gibt's Abstand, gibt's Ruhe, gibt es Frieden, und da auf dem See geraten sie in Not. Es kommt ein Sturm und die Wellen schlagen hoch. Die da unterwegs sind, sind zum Teil Fischer, aber doch nicht vorbereitet auf diesen Sturm. Die schrecken auf und bekommen es ganz schrecklich mit der Angst und sie schreien vor Not und schreien um Hilfe.

Das sind Situationen, die kennen wir alle, ohne dass wir mit Booten auf dem See unterwegs sind. Situationen, wo uns das Wasser bis an die Kehle geht, wo wir nicht mehr ein noch aus wissen, wo eigentlich nur noch Schreien möglich ist. Und das wagen wir so selten. Alle Fähigkeiten sind vergessen, alle Erfolge lange, lange her, so viel ist übrig von unserem Vertrauen. Herr, Gott, wo bist du nun? Und die Jünger schreien nach Jesus und es ist, als käme er übers Wasser auf sie zu. Das geht nicht, das war doch Wasser, und es ist, als käme er wie über das Wasser auf sie zu. Was ängstigt ihr euch, ich bin doch da. Warum, um Himmels willen, lasst ihr euch so kleinkriegen? Warum ist euer Glaube so gering? Warum verschwindet eure Hoffnung immer dann, wenn es schwer wird? Habt doch keine Angst, ich bin doch da, ohne Wenn und Aber.

Manchmal braucht man einen solchen Satz. Und dann schweigt der Sturm, so wie in unserer Geschichte, und die Angst vergeht. Was ist das Wunder? Nicht der Sturm und nicht, dass er schweigt, und auch der Gang übers Wasser nicht wirklich. Das Wunder ist, dass ein Wort reicht, um die Angst vergehen zu lassen. Das Wunder ist, was es mit Hoffnung wieder anfangen kann. Das Glauben, das ist das Schwere. Darum finde ich so wunderbar, dass an die Geschichte mit dem Seewandeln eine wunderbare Geschichte von Petrus geknüpft ist.

Petrus, der den Herrn übers Wasser kommen sieht und sagt, Herr, das will ich auch. Na, dann komm! Geht doch gar nicht, keiner kann übers Wasser gehen. Und Petrus steigt aus, und siehe da, die ersten Schritte gelingen. Dummerweise fängt er dann an zu denken, das geht doch gar nicht, und in diesem Augenblick sinkt er genauso schnell ein, wie er den ersten Schritt auf dem Wasser gemacht hat. Das ist normal, das kann man verstehen, dass es schiefgeht, wenn man hofft, dass es schiefgeht, wenn man vertraut, so ist das Leben. Aber Jesus ist da, der reicht ihm die Hand und zieht ihn herauf.

Wunder, die Gemeinschaft stiften, so habe ich das überschrieben. Wunder, die manchmal Glauben anfangen lassen. Wunder, die ganz menschlich sind, weil sie die Angst der Menschen betreffen und die Sorgen und die Möglichkeiten, die Menschen auch haben, wenn sie Sorgen und Angst vergessen. Wunder gibt es immer wieder. Wann haben Sie Ihr letztes Wunder erlebt, das wirklich eines war? Haben Sie es überhaupt gemerkt? Haben Sie gemerkt den Augenblick von Glück oder Segen, den Augenblick, da Leben wieder möglich geworden ist, auch wenn Sie große Angst hatten? Haben Sie gemerkt das Wunder, dass zur rechten Zeit Menschen da gewesen sind, die Sie gebraucht haben, ohne dass Sie fragen mussten? Haben Sie gemerkt das Wunder, dass Sie Kraft hatten, auch wenn die Kraft längst aufgebraucht war? Dass Sie weitermachen konnten, trotz aller Angst?

Wunder gibt es immer wieder. Ich wünsche Ihnen den Mut, mit allem Verstand zu glauben, ich wünsche Ihnen die Kraft, auf diese Wunder zu bestehen, die Gott uns schenken will. Ich wünsche Ihnen die Hoffnung darauf, dass die Angst vergehen wird und dass da einer ist, der genau weiß, wann's dafür Zeit ist. Der ist da zu jedem Augenblick, und dann kann auch dieser Sturm, die Angst wieder schweigen und das Leben kann mit neuen Aussichten und mit neuen Schritten weitergehen.

Adam und Eva

FEIERN wir im Namen Gottes des Vaters, der uns diese Schöpfung anvertraut, dass wir sie bewahren und erhalten, von ihr und mit ihr leben in voller Verantwortung.

Feiern wir im Namen seines Sohnes, im Namen Jesu Christi, der uns in die Verantwortung ruft für den Nächsten, der uns braucht, der uns lehrt, füreinander da zu sein über jeden Vorbehalt und über jedes Vorurteil hinweg.

Feiern wir im Namen dieses heiligen Geistes, der die Kraft unseres Gottes hier bei uns Menschen ist, der uns den Mut schenkt, nach vorne zu schauen, wenn Wege verworren sind, der uns die Kraft gibt, immer wieder füreinander da zu sein, Vertrauen ins Herz schenkt, dass, selbst wenn Menschen fehlgehen, Gott es gut werden lässt.

Feiern wir im Namen Gottes des Vaters und des Sohnes und des Heiligen Geistes. Amen.

Herzlich willkommen Ihnen allen hier zum sogenannten etwas anderen Gottesdienst. Das heißt, Predigt zu einer oder mehreren biblischen Gestalten ohne die sonst übliche Liturgie, mehr erzählen als erklären. Hoffentlich ins Leben holen möchte ich heute zwei, die es vielleicht gar nicht gegeben hat,

Adam und Eva, Adam und Chava, wenn ich sie hebräisch richtig ausspreche. Zwei, die Beispiel sind, die ins Leben gehen, so wie auch wir immer wieder ins Leben geschickt werden. Also Adam und Eva, die beiden ganz am Anfang der Bibel, ganz am Anfang des Alten Testaments beschrieben, eine Geschichte, die dennoch nicht am Anfang aufgeschrieben worden ist.

Tatsächlich ist diese ganze Schöpfungsgeschichte vielleicht das neueste Stück des Alten Testaments. Warum? Da haben Menschen über Jahrhunderte und Jahrtausende lang begriffen und verstanden, dass Gott wirkt in allem Tun, dass Gott gelingen lässt, dass Gott da ist, wenn etwas nicht gelingt. Wenn man über eine lange Zeit hinweg das spürt und das erlebt, dann kann es doch nur sein, dass dieser Gott vom Anbeginn aller Zeiten dabei war. Und so haben die Menschen überlegt, gedacht, zusammengestellt all ihr Wissen und all ihren Glauben, und dann ist diese Geschichte von den sieben Tagen der Schöpfung dabei herausgekommen, von der unsere jungen Leute immer sagen, na, glauben kann man das aber nicht. Meine Antwort ist dann, ich glaub auch nicht, dass der liebe Gott mit Lehm gespielt hat und dann der Mensch dabei draus geworden ist, und dennoch stehen unsere biblische Schöpfungsgeschichte und Evolutionstheorie keineswegs im Gegensatz zueinander.

Das, was Menschen damals wussten, heute fortgeführt, spricht von den gleichen Abschnitten und von der gleichen Reihenfolge. Die Frage ist immer nur, ist das, was wir da vorfinden, alles Zufall und Mutation oder war da doch einer dabei, der eine große Ordnung dem Ganzen zugrunde legt? Mit der Natur und der Reihenfolge, da lässt sich ja noch leben, damit lässt sich noch umgehen, der Mensch, ein ganz besonderes Pflänzchen im Garten Gottes, und die Geschichten von ihm, die mag ich erzählen, und ich lese aus dem ersten Buch Mose.

Am Anfang schuf Gott Himmel und Erde und die Erde war wüst und leer und es war finster auf der Tiefe und der Geist Gottes schwebte auf dem Wasser, und Gott sprach, es werde Licht, und es ward Licht und Gott sah, dass das Licht gut war. Da schied Gott das Licht von der Finsternis und nannte das Licht Tag und die Finsternis Nacht. Da ward aus Abend und Morgen der erste Tag und Gott sah, dass es gut war, und Gott sprach, lasset uns Menschen machen ein Bild, das uns gleich sei, und Gott schuf den Menschen zu seinem Bilde, zum Bilde Gottes schuf er ihn und schuf sie als Mann und Frau, und Gott segnete sie und sprach zu ihnen, seid fruchtbar und mehret euch und füllet die Erde und machet sie euch untertan, und Gott sah an alles, was er gemacht hatte, und siehe, es war sehr gut.

Und siehe, es war sehr gut. Ganz am Anfang, als Licht und Finsternis und Himmel und Erde und Wasser und Land und Flechten und Bäume, Sonne, Mond und Sterne, Wassertiere und Vögel, Landtiere und dann der Mensch entstanden. Er ist das Ende, sozusagen das Ziel aller Schöpfung, und dann steht da, er ist geschaffen zum Bilde Gottes, so wie Gott selbst, zum Ebenbild? Geschaffen ist er zu herrschen, steht da, und dann mag uns das Herz zu klopfen beginnen, denn Menschen, die herrschen, üben Macht aus und nicht selten Gewalt. Menschen, einzelne, die herrschen, das kennen wir aus unserem Leben, die meinen es nicht immer gut mit den anderen und scheinen manches zu ihrem eigenen Vorteil zu tun, wenn sie herrschen.

Adam – Erde – und Eva – Leben – heißen sie übersetzt. Aus dem gleichen vergänglichen Material wie alles andere Leben werden sie geschaffen, aber begabt, ausgestattet mit dem Atem, dem Geist Gottes, heißt es, und der verändert alles. Weil der Geist Gottes in ihnen ist, sollen sie Verantwortung tragen und in Verantwortung herrschen, und zwar so, wie Gott das tut?

Wie wäre das, gnädig, indem sie wohlwollend auf alles sehen, was ihnen anvertraut ist, gerecht jedem das Seine zukommen lassen, besorgt, spüren, wenn einer etwas braucht, und da sein, ohne zu viel Angst, um das, was ich selber habe, den anderen und auch die Schöpfung nicht auszubeuten, sondern zu nutzen, zum Besten für alle – da wird schon deutlich, das ist doch keine neue Idee, das ist doch der Auftrag, in dem wir alle leben.

Und wie häufig tun wir genau das nicht, weil nämlich der andere Weg auch bequemer ist und weil doch bitte nicht jeder mir gleich wichtig sein kann, oder? Da haben wir zwei kleine Menschen *(Täuflinge)*, die müssen doch Vorrang haben vor allen andern, ja auch, geschaffen zum Bilde Gottes, aber eben doch nicht wie ER, da hat der Mensch seine Grenzen, natürlich nicht so allmächtig wie Gott, aber immerhin doch ähnlich. In der Theorie fähig, alles zu tun, was Gott für gut und richtig und wichtig hält, immerhin so ähnlich diesem Gott, dass er ein Gegenüber sein kann, ein Gegenüber, das hört, ein Gegenüber, das redet, ein Gegenüber, das antwortet.

Der Mensch, am Anfang ist er gut gedacht und so nah bei Gott wie nichts und niemand anderes. Der Mensch, gleich zwei Menschen, Adam und Eva, nicht nur einer, zusammen geschaffen, auch diese beiden als Gegenüber. Man könnte sagen, zwei Wesenheiten mit unterschiedlichen Begabungen, mit unterschiedlichen Möglichkeiten, die zusammen Gottes Bild ergeben.

Warum erzähle ich Ihnen das jetzt, hier? Nun, so lange ist das doch noch gar nicht her, dass Menschen aus diesem Zusammen-geschaffen-Sein ein Oben-und-Unten gemacht haben. Sie kennen doch alle die Geschichte mit der Rippe. Wenn Eva geschaffen ist aus der Rippe des Mannes, dann ist sie natürlich ihm untergeordnet, denn sie war ja gar nicht vorgesehen, sie ist ja nur ein Stück von ihm. Er ist das Ebenbild

Gottes, und Eva, die soll doch nur helfen. Spätestens da dürfen Sie widersprechen.

Geschichten in der Vorstellung von Menschen, darüber sind wir ein bisschen hinaus, und tatsächlich steht das da so auch gar nicht. Ganz am Anfang, da ging es nicht um Oben und Unten, ganz am Anfang ging es um das Gegenüber, um das Zusammengehören und Miteinander-Gestalten. Auch wir sind inzwischen so weit, dass ein Großteil derer, die in der Kirche arbeiten und leben, begreifen, dass nicht nur Mann und Frau, sondern tatsächlich auch Frau und Frau und Mann und Mann eine Lebensgemeinschaft bilden können.

Immer wenn ich so was hier sage, weiß ich genau, da wird es auch unter Ihnen welche geben, die finden, so darf sie aber nicht reden. In der Bibel steht das aber anders. Steht das da wirklich anders?

Wenn Gott alles geschaffen hat, was ist, auch den Menschen, und wenn Gott sah, dass er gut war, der Mensch, den er schuf, und wenn Gott allmächtig ist und alles wirken kann, ist er dann auch vielleicht viel offener als menschliche Moral und Einordnungsschubladen, Spielarten des Lebens zuzulassen und sie willkommen zu heißen, ein jeder mit seinen Gaben und Fähigkeiten, ein jeder mit seinen Möglichkeiten? Er schuf sie als Mann und Frau. Nur in dieser Gemeinschaft sollen sie Leben hervorbringen, und auch darin steckt ein Bild Gottes miteinander.

Natürlich könnten Sie sagen, ja, jetzt stimmt es wenigstens. Das eine ist doch mehr wert als das andere. Und schon wieder frag ich mich, warum haben wir Menschen es bloß so nötig, von richtig und falsch immer zu reden und mit richtig und falsch gleich mehr und weniger Wert zu verbinden? Manchmal ist es einfach anders, und Leben zu schaffen, diese Aufgabe ist auch manchem Paar aus Mann und Frau nicht zu erfüllen vergönnt.

Erinnern Sie sich, ich habe versucht zu sagen, dass dieser Schöpfungsbericht bedeutet, da haben Menschen versucht, alles, was sie sehen, in ein System einzubauen, ein Ideal zu entwickeln. So verstanden kann man alles nehmen, was da ist, und weiter drüber hinausdenken. Die Schöpfung, die war sehr gut. Der Mensch hatte am Anfang alle Möglichkeiten und Fähigkeiten erhalten, das, was er vorfand, zu bewahren, auch zu herrschen und Gott ganz nahe zu sein, und Mann und Frau geschaffen, einander zur Seite zu stehen und zu Hilfe zu sein für alles, was an Aufgaben vor ihnen lag: Adam – Erde, Eva, Chawa – Leben; sich selber zu begreifen als Menschen, die diesen Auftrag erhalten haben, das scheint mir immer fremder zu werden. Ich? Nein! Wie kann ich wieder gutmachen, was Menschen da längst zerstört haben? Ich soll verantwortlich sein für das große Ganze? Das ist doch viel zu viel Verantwortung.

Können wir mal begreifen die wunderbare Möglichkeit, die darin liegt? Dieses wunderbare Geschenk? Da traut uns Gott genau das zu, du musst nicht, du darfst und du kannst gestalten und bewahren, hab doch nicht so viel Angst, spür doch mal in dich hinein, sieh doch mal, entdeck doch mal deine Fähigkeiten und tue es doch nicht alleine. Am Anfang zwei, heute viel mehr, und Gott ganz nah bei seinen Menschen, wenn das heute auch noch gilt, sollten wir eigentlich nicht ruhen, sollten wir neugierig bleiben, sollten wir das Beste für möglich halten und das Beste tun. Wir wissen längst so gut, wie es am Anfang gedacht war, die Menschen untergebracht im Garten Eden ohne Sorge, ohne Not und Traurigkeit, so blieb es nicht. Ja, wenn es die Schlange nicht gegeben hätte, was wäre denn dann? Am Anfang war er gut gedacht, der Mensch, in ein Paradies gesteckt mit endlichen Möglichkeiten.

Immer wenn ich das Jugendlichen erzähle, sagen die, wie langweilig, das hält man doch gar nicht aus, sich um nichts kümmern, um nichts sorgen zu müssen, nichts wirklich zu tun zu haben, schrecklich! In ein Paradies gesteckt war der Mensch aber mit einer Grenze, mit einem Verbot. Von allen Bäumen, von allen Früchten dürft ihr essen, nur nicht von der Frucht des Baumes mitten im Garten. Dass das ein Apfelbaum war, steht auch nirgends. Und wie ist das, warum verbietet Gott das, was will der denn verhindern? Will der denn wirklich, dass Menschen dumm bleiben? Denn dieser Baum in der Mitte des Gartens, das ist der Baum der Erkenntnis von Gut und Böse. Gott will nicht, dass Menschen dumm bleiben, vielleicht möchte er ihnen eher die Unschuld bewahren? Erkenntnis von Gut und Böse, so wie der Mensch gedacht und gemacht ist, dürfte doch Böse in seinem Leben gar nicht vorkommen.

Aber so ein Verbot, das ist immer auch gleich eine große Versuchung. Wir haben heute hier ganz kleine Kinder *(Täuflinge)* und auch schon größere. Ich bin ganz sicher, ihr größeren, ihr kennt das schon, wenn Mama oder Papa euch irgendwas ganz dolle verbieten, die Schublade, da darfst du überhaupt nicht dran. Wollen wir mal wetten, dass das das Allerschönste ist, wenn Mama und Papa nicht hingucken, genau die Schublade aufzumachen?

Ich selber war auch mal klein und meine Mutter hat immer gesagt, nicht auf den Herd fassen, der ist heiß. Weiß ich, was heiß ist. Natürlich habe ich es ausprobiert. Dummheit von Kindern oder ganz normale Menschlichkeit? Wenn andere einfach nur behaupten, das ist nicht gut, mögen die ja immer noch recht haben, aber zum Großwerden gehört es dazu, dass ich dieses und jenes vielleicht trotzdem ausprobiere, dolle mutig, dolle ängstlich, dass ich bloß nicht erwischt werde. So ähnlich stelle ich mir die Geschichte vor, die da erzählt wird. Es gibt Dinge, die muss man einfach versuchen, und am liebsten nicht alleine. Alleine erwischt zu werden ist ganz blöd, aber wenn ich noch eine Freundin oder einen Freund oder eine Schwester oder einen Bruder dabeihabe, dann waren wir schon zwei, dann ist das Ganze nicht mehr ganz so schlimm, wenn wir erwischt werden.

Und natürlich steht da, die Eva ist es, die zuerst nicht mehr widersteht. Ja, ja, die Frauen, da haben wir den nächsten Grund zu sagen, warum es oben und unten denn geben muss – weil die Frauen eben so unvorsichtig sind.

Sind die vielleicht einfach nur ein bisschen neugieriger, oder sind die vielleicht auch einfach nur ein bisschen mutiger? Die Konsequenz des Essens von dem Baum der Erkenntnis, von Gut und Böse ist, dass diesen beiden Menschen, nämlich Eva und Adam, die Unschuld verloren geht. In einem Augenblick ist es, als gingen ihnen die Augen auf, und sie erschrecken ganz furchtbar, sie sind nackt. Ja, macht doch nichts, oder? Wenn's da niemand anderen gab, der gucken konnte. Sie erschrecken sich, sie schämen sich, sie bekommen es mit der Angst. In einem Augenblick ist alle freundliche Naivität verloren. Sie werden sich ihrer selbst bewusst, und in diesem Augenblick verstecken sie sich und verkriechen sich.

Und das ist ein Abbild unseres Lebens. So geht es den meisten Erwachsenen heute immer noch, und das unterscheidet uns von den Zeiten im Garten Eden. Das unterscheidet uns sehr von diesen beiden kleinen Menschen, die wir da heute taufen wollen, die haben sich noch die Unschuld bewahrt. Ich bin ganz sicher, die vertrauen Ihnen, den Eltern, ohne Wenn und Aber. Wenn Sie diesen Kindern etwas sagen, das sich glauben lässt, dann suchen die nicht nach Beweisen. Die haben keinen Grund, sich zu verstecken, weil sie wissen, sie sind lieb gehabt. Dann dürfen sie sein, wie sie sind.

So vertrauensvoller Glaube, Unschuld und Aufrichtigkeit, die sind verloren gegangen mit der Erkenntnis von Gut und Böse. Wenn es uns Großen so geht, dass wir erkennen, etwas Falsches getan zu haben, vielleicht pflücken wir dann nicht

Feigenblätter oder anderes von den Bäumen. Wir haben gelernt, stattdessen Masken aufzusetzen, damit bloß niemand anderes merkt, wie uns eigentlich zumute ist.

Möglichst selbstbewusst, möglichst überzeugt gucken, dann denkt keiner, dass ich was getan habe. Ich? Nein! Ich, ich bin es nicht gewesen. Möglichst aufrichtig gesagt, mit möglichst klarem Blick, kann es ja noch gelingen, dass der andere es auch glaubt, und wenn das, was ich getan habe, Spuren hinterlassen hat, dann verziehe ich mich möglichst schnell aus der Gefahrenlinie. Von Jugendlichen weiß ich, mal ganz schnell ins Zimmer verschwinden, laut die Musik an, dann stört hoffentlich keiner, dann kommt keiner auf die Idee, ich wär's gewesen. Adam und Eva, und auch wir werden nicht gerne erwischt.

Mensch, wo bist du? Das ruft Gott in diesem Augenblick, da ihm die Menschen im Garten Eden abgehen. Und was ist das für eine Frage: Mensch, wo bist du? Gott selbst hat sie in den Garten gesetzt, der hätte doch wissen müssen, dass sie dort zu finden sind. Gott, der ihr Gegenüber war, wäre doch aber keiner gewesen, vor dem sie sich versteckt hätten, und er lässt es nicht zu, dass sie versteckt bleiben, lässt sie nicht aus ihrer Verantwortung. Mensch, wo bist du? Und es ist Adam, der antwortet: Ich fürchtete mich, denn ich bin nackt, und darum habe ich mich versteckt. Und woher weißt du das? Du musst gegessen haben von dem Baum, von dem ich dir zu essen verbot. Das war die Frau, die du mir zur Seite gestellt hast. Ich bin gar nicht schuld, die ist schuld.

Eigentlich gut, dass Gott den Menschen eine zweite Hälfte zur Seite stellte, denn wenn es nicht passiert wäre, das im Garten Eden, wenn sie nicht gegessen hätten, was wär's geblieben: eine wunderbare, harmonische, paradiesische, unendlich lange Zeit oder doch so langweilig, weil lebensfern, wie unsere Jugendlichen immer behaupteten?

Berichtet wird, Gott sei zornig geworden – denken Menschen. Gott hat gestraft – denken Menschen: die Schlange damit, dass sie am Boden kriechen soll, die Frau damit, dass sie unter Schmerzen ihre Kinder gebären soll, und den Mann damit, dass er im Schweiße seines Angesichts sein Brot verdienen soll. Ist das Strafe oder ist das Leben, was da kommt? Kinder, einfach so geschenkt, ohne Erwartung, ohne Mühen, einfach so zur Welt gebracht. Vielleicht schätzen wir die auch, aber kennen Sie nicht alle die Berichte von den Frauen, die sagen, ja, das war nicht ohne, aber in dem Augenblick, da ich das Kind im Arm hatte, war alles andere vergessen.

Ja, das bereitet Sorge und Mühe, sie groß zu kriegen, das ist immer wieder mit Ängsten verbunden, ob auch alles gut geht und wie wir das hinbekommen miteinander. Aber das ist es wert. Ein Paradies, in dem einem gebratene Tauben in den Mund fliegen, so wird's auch berichtet aus dem Schlaraffenland, weiß ich das zu schätzen? Mein Leben gestalten müssen mit meiner Hände Arbeit, meines Kopfes Arbeit, mit all dem, was in mir steckt, bereitet Mühe und macht Angst, aber ich werde es nicht selbstverständlich nehmen, ich werde es als Geschenk begreifen können und erst dann Verantwortung tragen können.

Wussten Sie, dass es Gott selbst ist, der den Menschen schließlich kleidet, bevor er ihn aus dem Garten schickt? Gott selbst kleidet sie mit Fellen, so steht es da, und dann verlassen sie den Garten. Dieser Gott ist nicht ein zorniger, dieser Gott ist immer noch ein fürsorglicher Gott, und so sagt er denn auch, nun ist der Mensch wirklich geworden wie Gott, denn nun kann er unterscheiden zwischen Gut und Böse. Erst jetzt ist er bereit, doch auch für die Aufgabe Verantwortung zu tragen. Welche Verantwortung hatte er denn vorher?

Können Sie dem nachgehen zu sagen, dass diese ganze Geschichte mit dem Paradies zu Beginn und mit der Vertreibung, wie es dann heißt, ein ganz normaler Weg ins Leben ist? Das sind Geburtswehen, bis das Ebenbild Gottes wirklich ihm ähnlich sein mag. Nicht genau wie er, und darum steht am Ende auch: Eines nun ist aber wichtig, wenn sie den Garten verlassen, dass sie nämlich nicht mehr zurückkommen, um auch noch möglicherweise zu essen vom Baum des Lebens.

Wer unterscheiden kann zwischen Gut und Böse, der kann sich auch für Böse entscheiden, und wer sich für Böse entscheidet, der soll bitte nicht ewig sein, sondern auch ein Leben hier beenden, damit immer wieder Gott, damit immer wieder das Gute seine Chance hat.

Adam und Eva, schuld waren sie beide nicht, ich würde sagen, sie haben einen Weg gewagt auf neues Terrain, einen Weg in ein ganz neues Leben, einen Weg mit Verantwortung und Last, aber einen Weg mit unendlich vielen Möglichkeiten. Und Gott hat sie nicht verlassen, nicht einmal dann. Er war und blieb bei ihnen. Und was machen Sie daraus, was machen wir daraus? Haben Sie bei all dem, was Sie geschafft haben, unseren Gott im Sinn? Dass ER es ist, der Gaben und Fähigkeiten, der Mut und Kraft, der Hoffnung uns ins Herz schickt? Kommen Sie Ihrer Verantwortung nach für die Welt und all die Menschen, die Ihnen anvertraut sind? Haben Sie manchmal Angst, zweifeln Sie manchmal an diesem Weg und sind Sie bereit, dann die Augen aufzumachen für all die anderen, die mit Ihnen unterwegs sind?

Sie erinnern sich vielleicht, wie ich so manches Mal da stehe, wenn ich Taufe erkläre: Zusage, der nächste Schritt nämlich mit Jesus Christus, dieses „Gott hat dich lieb, so wie du bist", ohne Wenn und Aber. Deshalb kannst und darfst du in diesem Leben diesen ganz besonderen Weg gehen, hoch aufgerichtet. Wenn Gott mich lieb hat, muss ich mich vor niemandem fürchten, mich nicht ängstlich verbergen, kann mit beiden Beinen mitten in diesem Leben stehen.

Dieses Leben ist keine Zumutung, dieses Leben ist ein Geschenk, und mein Glaube, meine Hoffnung kann und wird mir hindurchhelfen, dass ich die Kraft habe, die Arme zu öffnen, beide Hände, den Menschen zur Hilfe, zur Seite zu stehen, die ich vielleicht noch nicht einmal kenne, vielleicht nicht einmal mag, aber die gerade die Menschen sind, die mich brauchen, und dann werde ich auch keine Furcht haben, um Hilfe zu bitten, wenn ich nicht mehr kann.

Adam und Eva, zwei am Anfang, zwei Wesenheiten, die zusammen eins sind. So sind wir Menschen, ein jeder mit seinen Unterschieden, ein jeder mit seinen Begabungen unterwegs, um auch hier eins zu sein. Auf einem Weg im Vertrauen auf die Hilfe und den Segen unseres Gottes. Ob es gelingt, liegt zum Teil an uns, und den Rest, den mag Gott uns schenken.

Salomo

Gott unser Vater will uns begleiten durch unser Leben. Er erwartet, dass wir unsere Fähigkeit, den rechten Weg zu wählen, umsetzen. Er nimmt uns in Gnaden an, wenn wir den falschen Weg wählen. Er traut uns zu, dass wir das Leben bewältigen und gestalten. Und er trägt uns in all den Ängsten und Nöten. Sein Sohn, Jesus Christus, vertraut uns den Nächsten an, der uns braucht und der uns helfen wird. Er ruft uns in die Verantwortung, einander zu begegnen, einander zu lieben, einander zu vergeben. Auch wenn uns das immer wieder an unsere Grenzen führt, an die Grenzen unserer Geduld oder an die Grenzen unserer Kraft. Der Heilige Geist, die Kraft unseres Gottes hier bei uns Menschen setzt uns in Bewegung, uns neu zu begegnen, stärkt und hilft uns in aller Verzweiflung und aller Angst, tröstet uns und macht uns neuen Mut für neue Wege, schenkt uns Glauben und Vertrauen auf unseren Gott. Lasst uns feiern auch heute Morgen im Namen Gottes, des Vaters und des Sohnes und des Heiligen Geistes. Amen.

Den etwas anderen Gottesdienst wollen wir feiern. Geschichten will ich erzählen von einer biblischen Gestalt. Und bei all dem vielen, von dem ich schon erzählt habe, habe ich heute Morgen mit Erstaunen festgestellt, dass in diesen neun vergangenen Jahren der Salomo nicht dabei gewesen ist. Salomo, das war einer, dem Gott am Herzen lag. Vielleicht ist er mir deshalb eingefallen. Und Salomo war auch derjenige, der dem Herrn ein Haus gebaut hat.

Von Salomo will ich Ihnen erzählen, dessen Name schon fast Programm sein mag. Salomo, da steckt Shalom drin, und erinnern Sie sich, wie ich Ihnen dieses Wort immer erkläre. Shalom, das heißt nicht nur Frieden, wie wir es gern übersetzen, sondern Shalom meint alles, was der Mensch braucht, damit das Leben heil und ganz ist. Frieden, Mut, Kraft, Freude, Fröhlichkeit, Liebe, Gesundheit, Hoffnung, Weisheit, Glaube, was immer Ihnen noch einfällt, ist dazuzufügen. Das alles ist Shalom.

Und da wird ein Kind geboren, als Kind der Liebe von König David und der Bathseba. Vielleicht erinnern Sie sich auch an diese Geschichte noch. Dieses Kind ist das, was das Nachgeborene ist. Denn der Vater hat nicht so immer getan, was Gott wohl gefiel. Weil ihm diese Frau so gut gefiel, hat er ihren Mann in die erste Reihe in den Krieg geschickt, damit er sie zu seiner machen konnte. Das erste Kind der beiden starb, und es war eine Krise im Glauben auch für diesen großen König David. Der zweite, das ist Salomo. Der sollte ausgestattet sein mit all dem, was das Leben heil und ganz macht. Eine große Last, schätze ich, lag schon auf dem Kind, das diesen Namen trug. Welch große Erwartungen folgten davon, welch große Erwartungen haben Eltern, welche Wünsche für ihr Kind? Und darin, glaube ich, war er eigentlich gar nicht so etwas Besonderes.

Wenn Sie Ihre Kinder taufen, wie oft höre ich dann schon in den Gesprächen vorher, was Eltern sich alles wünschen: dass es dem Kinde gut gehen mag, dass die Ausbildung hoffentlich in 20 bis 25 Jahren prächtig abgeschlossen werde, dass es in Frieden und Glück und in Sicherheit leben kann.

Unsere Kinder heute heißen nicht Salomo, sie heißen dann manchmal Johannes oder manchmal Kevin oder Maria, aber die Wünsche, so scheint mir doch, sind sehr, sehr ähnlich.

Ein Kind der Liebe, ja, von dem man sich als Erwachsenen eine Menge Geschichten erzählt. Dass er es auf den Thron geschafft hat eigentlich mithilfe der Mutter und eines Priesters, die zur rechten Zeit dem Vater das Richtige ins Ohr sagten, vergisst man schnell. Er hat ein großes Reich geführt, daran mögen Sie sich erinnern, tatsächlich das Reich Israel mit der allergrößten Ausdehnung, die es je gehabt hat. Und wenn das gelingt, dann muss der Segen Gottes drauf liegen, oder? Und tatsächlich steht da, Salomo hatte den Herrn lieb und er wandelte nach seinen Satzungen und Geboten. Ein junger Mann, mit so vielen Hoffnungen und vielleicht Erwartungen aufgewachsen, auf den Thron geraten in eine riesengroße Verantwortung, und er versucht nicht, selbst wichtig zu sein, er versucht nicht, selber zu gestalten, sondern er lässt sich leiten von dem, was Gott will, von dem, was Gott vorgibt.

Das war damals anders, als wir es heute erleben. Wenn wir unsere Kinder ins Leben schicken und in die Verantwortung schicken, dann haben sie gelernt, du bist selbst verantwortlich, du bist deines Glückes Schmied; wenn du genug leistest, wird man erkennen, wie viel du zu tun vermagst. Man wird es sehen, man wird es hören und dein Leben muss gelingen.

Hat einer von Ihnen seinen Kindern mit auf den Weg gegeben: Es ist gut, das, was du tun kannst? Du bist gut, so wie du bist, mit all deinen Stärken und all deinen Fehlern, aber wichtig ist vor allen anderen Dingen, dass du auf deinen Gott vertraust, und der wird dir helfen? Vielleicht haben Sie es Ihren Kindern ein bisschen vorgelebt. Wenn Sie es draußen aber so sagen, dann werden Sie vielleicht belächelt. Du brauchst einen Gott, der dir hilft? Kannst du es nicht alleine tun? Hast du so viel Angst oder so wenig Verstand?

Salomo aber hatte den Herrn lieb und wandelte in seinen Satzungen und Geboten, und es heißt nicht, immer der Stärkere sein zu wollen. Heißt das auch, den anderen zu sehen, die Wege zu gehen, die richtig sind, und nicht die Wege, die ich unbedingt gehen will?

Traumhaft schön diese Vorstellung? Und so träumt er denn auch, der Salomo, darüber runzeln Jugendliche die Stirn. Von wegen traumhaft schön, diese Vorstellung. Schwierig mag es gewesen sein, aber vielleicht deshalb ist er belohnt worden. Man stelle sich vor, da träumt einer, und er träumt vom lieben Gott. Und er träumt, dass Gott ihn fragt: „Was willst du, was wünschst du dir von mir? Was immer du dir wünschst, ich will es dir geben." So ähnlich wie diese drei Wünsche von der guten Fee, nur ist es dieses Mal Gott selbst, der fragt. „Was immer du dir wünschst, ich will es dir geben."

Was wären denn Ihre Wünsche? Gesundheit und ein langes Leben, genügend soziale und finanzielle Sicherheit? Ein Mensch an meiner Seite, der mich lieb hat? Was wären denn menschliche Wünsche, ganz normale Alltagswünsche? Kein Kummer mehr, genügend Kraft, für die da zu sein, die mir anvertraut sind, endlich mal nicht mehr entscheiden müssen, nie mehr Angst haben?

Salomo, der antwortet als junger König: „Du hast meinen Vater David wohl begleitet, Gott. Ein riesengroßes Reich hast du mir anvertraut, ein Reich, das fast zu groß ist, als dass ich es regieren kann. Zu jung bin ich und zu wenig Erfahrung habe ich, also bitte ich dich um ein gehorsames Herz, damit ich richtig handele für dieses große Volk und Land, damit ich verstehe, was Gut und Böse ist."

Und es scheint, als ob sogar Gott im Traum erstaunt wäre, weil er sich weder ein langes Leben wünscht und auch keine Gesundheit, weil er sich weder Reichtum wünscht noch dass seine Feinde sterben, und deshalb: „Salomo, weil du dir das alles nicht gewünscht hast, darum erfülle ich dir wirklich deine Bitte. Ich will dir geben ein verständiges und weises Herz und dazu will ich dir geben all das, worum du nicht gebeten hast, nämlich Reichtum und Ehre. Und sollte es dir gelingen, dass du weiter meine Gebote hältst und auf meinen Wegen wandelst, dann will ich dir auch noch ein langes Leben schenken."

Unglaublich, da ist einer bescheiden und für diese Bescheidenheit wird er noch belohnt, im Übermaß mit all den Dingen, die normale Menschen sich gleich gewünscht hätten. Am Morgen wacht er auf und stellt fest, es war nur ein Traum, so wird im 1. Buch der Könige berichtet.

Doch dann geschieht diese Szene, die Sie vielleicht alle kennen. Da kommen zwei Frauen, zwei Mütter, zwei Prostituierte zum König Salomo in bitterem Streit um einen Säugling. Und jede dieser Frauen behauptet, dieses Kind sei ihres. Wie soll man das entscheiden – da steht Aussage gegen Aussage. Und König Salomo entscheidet: „Dann hole man mir ein Schwert, ich will das Kind in der Mitte durchhacken, dann habt ihr jeder euren Teil."

So grausam ist der? Nein, unendlich weise. Er weiß genau, wie eine richtige Mutter nur entscheiden kann. Sie kann nur sagen, so lass ihr das Kind, damit es lebt. Und die, die es hergeben wollte, die ist die Richtige. Und der König hat nicht grausam, er hat weise entschieden.

Und der Traum, der war gar keiner? Im Traum sind wir manchmal den guten Mächten Gottes viel näher als im Alltag. Im Traum schweigt alles, was uns sonst beschäftigt und bedrängt, was uns sonst auf der Seele liegt. Im Traum ist Raum und Zeit für manch eine Gottesbegegnung, und so ist es auch gewesen für Salomo.

Diese eine Geschichte wird genau erzählt, und dann hört man in vielen Kapiteln nur das große Lob für die übergroße Weisheit dieses Königs. Sie sei größer gewesen als die aller anderen Weisen von nah und fern, und weil er so außergewöhnlich war in seinen Worten und Taten, kam man von ferne, um ihn zu sehen und zu hören.

Auch das wieder etwas, was ich mir im Alltag vorstellen möchte hier, und wenn ich sicher wäre, dann auch von mir. Wer kommt denn schon von ferne, um die Weisheit eines anderen zu hören? Die, die damit umzugehen wissen, besuchen Vorträge und Vorlesungen. Man bildet sich fort, das Leben wird bereichert, es ist etwas für intellektuell interessierte Menschen, die genügend Zeit haben, die Freizeit haben, diese so zu gestalten. Nur wenn einer klug redet, strömen noch nicht die Massen, nur weil einer klug redet, steht er noch nicht überall in der Zeitung. Warum? Weil wir alle den gleichen Anspruch haben, möglichst klug, geschickt und weise mit dem Leben, vielleicht auch noch mit Worten umzugehen, weil es uns häufig Angst bereitet, wenn das Menschen gerade in unserer Nähe viel besser zu tun vermögen, oder es wenigstens so aussieht als ob. Dann fühle ich mich nämlich klein und werde vielleicht auch ein bisschen neidisch.

Zu Salomo sind sie in Scharen gekommen, die kleinen Leute, die großen Leute, so wird es beschrieben. Die Königin von Saba sogar, mit Pracht ausgestattet war ihr Zug, mit großer Ehrerbietung ist sie dem König begegnet, hatte Rätsel mitgebracht. Denn wenn er so weise ist, wird er doch wohl jedes Rätsel, das ich ihm stelle, lösen können. Er konnte und er tat's. Und die Königin blieb und staunte, und der Ruf Salomos wuchs weiter und weiter.

Wie lange geht das gut, ohne dass einer eitel wird, habe ich mich auch gefragt. Das ist wunderbar, wenn die kommen und hören wollen. Irgendwann muss doch der Punkt kommen, da nicht mehr der liebe Gott mir das Liebste ist, sondern da ich vergesse, woher ich meine Gaben habe. Ein Augenblick, wo ich mich dann doch wichtig fühle, ein Augenblick, wo ich mich doch ein kleines bisschen besser fühle, als die anderen da sind.

Der weise König Salomo, zwei Mal noch erging die Rede Gottes an ihn. Als er Gott das Haus baute, das sein Vater David ihm versprochen hatte, da sprach Gott: „Ja, wenn du weiter auf meinen Wegen wandelst und meine Gebote hältst, dann will ich wahr machen, was ich deinem Vater David versprochen habe, und werde wohnen in diesem Haus, will wohnen unter Israel und werde mein Volk nicht verlassen."

Als der Tempel fertig war, wird berichtet, dass die Herrlichkeit des Herrn einzieht dort. Man kann sie sehen, man kann sie spüren, das Heilige ist erfüllt von Gott. Dann wird der Tempel geweiht und Salomo findet wunderbare Worte, um ihn dem Herrn zu widmen, und Gott verspricht ein zweites Mal: „Ich werde da sein bei euch, bei dir, in diesem Haus, wenn du weiter in meinen Wegen wandelst. Wenn aber nicht, wenn du dich überhebst, wenn mein Volk mich vergisst, dann werde ich auch das Meine tun und anders handeln."

Eine Geschichte geprägt vom Segen und der Weisheit, eine Geschichte aber auch geprägt von dem „wenn – dann". Wenn du tust, was recht ist, will ich tun, was recht ist. Als könne der Mensch mit Gott handeln, nein, als reagiere Gott auf das Handeln der Menschen. Wunderbares genau dafür, dass Gott uns begleitet und dass Gott sich finden lässt. Danke sagen in dem Wissen, dass auch wir immer wieder den Eitelkeiten und den kleinen Fehlern ausgesetzt sind.

Mit Gott hat er begonnen, der Salomo, mit politischem Geschick und Ehrgeiz hat er das Beste aus seiner Verantwortung und aus seinem Amt gemacht. Die Thronbesteigung, die hat man ausgehandelt, denn eigentlich gab es einen älteren Bruder von einer anderen Frau, die auch, als der Vater alt und schwach wurde, längst geschickt taktiert hatte, ihn rechtzeitig selber zum König ausgerufen und ein großes Fest gefeiert hatte mit all denen, die an ihn glaubten, weil er schließlich der älteste Sohn war.

Dann kommt der Priester und sagt: „Liebe Bathseba, willst du wirklich aushalten, dass nicht dein Sohn Salomo auf dem Thron sitzt? Jetzt seid geschickt, ihr Lieben, bringt es dem David bei, so alt und schwach er auch sein mag. Das kann doch nicht sein, hat er dir nicht versprochen, dass dein Sohn ihm auf dem Thron nach folgen wird?"

Und David ist alt und schwach, eine nette Geschichte von ihm ist auch dabei. Genau wie sein Sohn Salomo später hatte David die Frauen mächtig gern, und als er alt und schwach wurde, war ihm offenbar immer kalt. Und ganz am Ende legt man ihm eine junge Frau ins Bett, um ihn zu wärmen, mehr nicht. So steht es da. So alt ist er schon, so schwach ist er schon, und dann soll er noch seine eigene Nachfolge regeln. Wie wird man ihm erklärt haben? „David, hör nur, dein ältester Sohn Adonia hat sich zum König ausrufen lassen. Ist es wirklich das, was du willst? Waren nicht deine Pläne andere? Wenn du noch sicherstellen willst, dass der Richtige dir nachfolgt, so musst du jetzt handeln."

Und David reagiert wie gewünscht. Wie kann er auch anders? Die Frau seines Herzens kommt da zu ihm, um den gemeinsamen geliebten Sohn geht es. Und so tut er, was ihm richtig erscheint und was er versprochen hat. Handelt so, wie der Priester, wie Bathseba es gern haben. Und Salomo, der Herzenssohn, wird zum König gesalbt und gleich bestätigt, und mit Pauken und Trompeten, mit Trommeln und Posaunen wird es verkündet. Salomo ist König und die, die längst gefeiert haben, die vielleicht schon trunken sind vom großen Fest, überkommt ein großer Schrecken und sie fliehen erst einmal auseinander, denn das ist gefährlich. Vielleicht mag der Älteste im Recht sich befinden, aber der Jüngere, der hat das Votum seines Vaters, hat die Salbung und den Segen des

Priesters. Die Angst ist begründet. Denn dieser so gesegnete, später so weise König Salomo ist eben auch politisch geschickt und handelt. Den Konkurrenten lässt er beseitigen. Das tut er nicht selbst, das erledigt sein Heerführer. Die, die ihn unterstützt haben, werden verbannt oder auch getötet. Die ersten Handlungen sind gleich welche, die nicht nur von Weisheit und Glück oder Segen reden, sondern von einer starken Hand. Davon, dass einer sehr genau weiß, dass so eine Thronbesteigung nicht sicher und nicht einfach ist.

Der kluge Taktierer heiratet die Tochter des Pharao aus Ägypten – politisch korrekt, Reiche zueinander zu bringen, sich Freunde, sich Verbündete verschaffen, wunderbar. Er geht einen Vertrag ein, mit einem anderen König, der über Ländereien verfügt mit viel Holz, eigentlich ein Feind, in diesem Fall aber einer, der ihm hilfreich zur Seite stehen kann, denn welche großen Vorhaben gibt es da zu erledigen, für die man dann eine Menge Material braucht. Das Holz für den Tempel, das Holz für die Paläste kommt alles vom König Hiram.

Und Salomo lässt sich nicht nur in Weisheit feiern, nein, er sichert sein Land, baut ein stehendes Heer auf, hat den Verstand zu begreifen, dass er nicht alleine mit starker Hand von oben regieren und den Überblick behalten kann. Er sucht sich Beamte, die zwölf Teile des Landes verwalten, er sucht sich sogenannte Amtleute, die jeweils einen Monat dafür da sind, den riesengroßen Hof zu versorgen, mit Nahrungsmitteln, mit allem, was da gebraucht wird, und auch noch für das Heer. Ich weiß nicht, wie groß diese Aufgabe war, ich ahne aber, dass man nicht nur stolz gewesen sein mag, wenn man sie übertragen bekommen hat, denn auch das war eine große Leistung, die erbracht werden musste. Sieben Jahre lang hat er am Tempel gebaut, 13 Jahre lang an den vielen Palästen. Wie lange kann man denn bescheiden bleiben bei solchem Erfolg?

Gott hat ihm Macht und Reichtum versprochen, Macht und Reichtum hat er gesammelt. Es wird immer wieder berichtet von 120 Zentnern Gold, die der eine bringt und der andere bringt. Von Silber ist keine Rede, das ist nicht kostbar genug. Der Tempel wird verkleidet, die Säulen mit Gold belegt, überall prangt es und glitzert und glänzt es. Irgendwann ist natürlich auch das Tafelgeschirr des Salomo nur aus edelsten Materialien, und auch das wird berichtet.

Da liegt der Segen Gottes drauf. Aber bei solchen Erfolgen, da kann ich doch gar nicht anders, als zu ahnen oder heimlich jedenfalls zu befinden, das bin ich, der den Erfolg hat. Das ist nicht Gott, der ihn schenkt. Weil ich so klug taktiere, weil ich eine Persönlichkeit bin, der man folgt, deshalb gelingt mein Leben, oder?

Ich gehe davon aus, dass auch Salomo die kleine Schwäche hatte, und diese kleine Schwäche mag immer größer geworden sein. Ich habe schon von seinem Vater erzählt und davon, wie gern der die Frauen hatte, auch von Salomo wird solches berichtet, aber noch ein bisschen mehr. 700 Haupt- und 300 Nebenfrauen habe er gehabt. Der arme Mann, habe ich so gedacht. Viel wichtiger aber ist, dass es ausländische Frauen sind, an denen er in Liebe hängt, und das heißt schon etwas. Es sind Frauen, von denen Gott sagt, dass er kein Gefallen an ihnen hat, denn er weiß, dass ihre Götter vielleicht den Salomo verführen werden. Dass genau genommen diese Frauen den Salomo verführen werden, ihren Göttern zu folgen. Solange er stark ist und mächtig, kann das doch nicht passieren. Wer lässt sich schon zu einem anderen Gott oder zu einem anderen Glauben überreden, oder?

Ich habe hier gestern eine Hochzeit feiern dürfen. Die eine Hälfte der Familie war evangelisch und die andere Hälfte war katholisch. Und des Abends beim Feiern habe ich zu hören gekriegt, wie das ausgehandelt wurde: „Ach, wissen Sie, ich bin evangelisch, meine Frau ist katholisch, da sind natürlich die Kinder katholisch, meine Frau muss sie ja schließlich erziehen. Und das Gleiche auch andersherum: „Wissen Sie, ich bin katholisch, aber meine Frau ist evangelisch, dann sind natürlich alle Kinder evangelisch, denn meine Frau muss sie ja schließlich erziehen."

Sind das Ausnahmen oder ist das nicht auch bei uns fast ein bisschen das Normale? Wer von den Vätern steht so deutlich alleine gerade für seinen Gott und seinen Glauben? Die Zeiten gibt es immer wieder, aber im täglichen Miteinander sind es meist die Frauen, die die Kinder begleiten. Weil sie vielleicht eher mal erzählen von dem, was sie glauben können und wollen, weil sie vielleicht eher mit den Kindern sich Diskussionen aussetzen über das, was Gott ist, wer Gott ist und wo der ist und was der kann und was der will. Wenn wir Krabbelgottesdienst vorbereiten, kommen all diese Fragen vor. Kinder stellen sie, und wer beantwortet sie?

Wenn also uns berichtet wird von Salomo, dass Gott die ausländischen Frauen nicht so gerne habe, weil vielleicht die Götter ihn in Versuchung führen könnten, dann ahne ich, dass gar nichts Schlimmes berichtet wird, sondern vielleicht nur was ganz Menschliches. Was tut man nicht alles, um Frieden zu haben zu Hause, und kann es nicht sein, dass die anderen auch noch recht haben mit dem, was sie glauben?

Aber so darf ich doch hier nicht reden, oder? Ich muss Ihnen doch erzählen, dass der Salomo das richtig gemacht hat. Aber natürlich gibt es nur einen Gott. Salomo war nicht nur reich und mächtig, Salomo war vielleicht auch irgendwann alt, nachsichtig und ein bisschen schwächer.

Genau das, was Gott befürchtet hatte, trat ein. Er gab nach, vielleicht zunächst einmal, um seinen Frauen was Gutes zu tun. Da gab's ein Heiligtum für Astarte, ein Heiligtum für Milkom, da kann man noch sagen, das ist doch nicht so schlimm. Lass die ihren Gott da feiern, da gehe ich ja nicht hin.

Bis er dann selber in dem einen Heiligtum ein Opfer darbringt, in dem anderen Heiligtum ein Opfer darbringt, und dann wird Gott zornig. „Ich habe zu dir gesagt, ich will bei dir sein, und es wird immer jemand aus deiner Familie auf dem Thron sitzen, solange du meine Gebote hältst und auf meinen Wegen wandelst. Jetzt hast du mich vergessen, du, der du Vorbild bist für ein ganzes Volk, du, dem ich Weisheit geschenkt habe, dem ich mehr gegeben habe, als er erbeten hat, und darum werde ich mein Wort auch in diesem Falle halten. Und darum werde ich dir das Reich entreißen. Aber nicht dir, sondern erst deinem Sohn. Da wird ein Widersacher erstehen und dein Sohn wird verlieren dieses Reich, nicht ganz und gar, aber zu einem großen Teil."

Der weise, kluge, reiche und verehrte Salomo erlebt die Grenzen, die Grenzen, die Gott setzt, die Grenzen, die so ein Leben hat. Die Gegner werden stärker, und schließlich, steht da, nach 40 Jahren der Herrschaft stirbt Salomo. Gott hatte ihm ein langes Leben vorausgesagt, sollte er seinen Weg nicht verlassen. 60 ist er nur geworden, ein langes Leben zu biblischer Zeit hätte sehr viel länger gedauert.

Diese Geschichte erzähle ich Ihnen als Beispiel und Vorbild. Da ist doch wieder dieser Gott des Alten Testamentes, der einfach straft. Sollen wir so einem Gott glauben?, fragen mich meine Konfirmandinnen und Konfirmanden immer. Eigentlich könnten wir mit so einem Gott viel besser leben, weil wir dann genau wüssten, wir müssten dies und das und das mit entsprechender Konsequenz. Ein gnädiger Gott, der vergibt und der uns lieb hat, weil er uns annimmt und kennt, so wie wir sind und so wie Jesus Christus ihn predigt, das ist einer, mit dem Menschen es offenbar schwerer haben. Wenn ich einen Gott habe, der mir meine Schuld vergibt und der mich lieb hat, welchen Grund sollte ich dann noch haben, mich an Gebote und Regeln zu halten? Salomo trägt die Konsequenzen, so sagt es uns die Geschichte.

Wenn ich sie anders deutete, wenn ich sie in die Zeit des Neuen Testamentes holte, würde ich sagen, auch Salomo bekommt schwere Zeiten auferlegt, wie ein jeder von uns. Dieser Gott, den er als Strafenden erlebt hat, hat dennoch seine Gnade nicht von ihm genommen. Er will auch nicht drohen, könnten wir sagen, wenn wir die Sachebene einhalten. Es ist ein Gott, der bis zuletzt mit ihm gesprochen hat. Es ist unser Gott, der immer wieder sich uns mitteilt, uns spüren und wissen lässt, was gut und richtig, was falsch und nicht gut ist.

Wollen wir denn einen, der droht und der straft, oder können wir leben mit einem, der uns wohl zugetan ist, ganz gleich, welche Fehler wir machen? Jugendliche sagen dann schnell: „Dann ist ja egal, wie ich lebe, oder?" Nein, denn der Gott, der uns ein Partner ist, weiß genau, dass wir in der Lage sind, den richtigen Weg zu wählen. Der traut uns zu, das zu machen, und ich glaube nicht, dass er spielen mag und ausgetestet werden will, ob er mich vielleicht am Ende doch noch straft.

Salomo, einer, der sich von Gott Gaben gewünscht hat, um anderen Gutes zu tun, ist als solcher ein wunderbares Beispiel. Er hat noch mehr geschenkt bekommen, als er gewollt hat. Das Schwierigste war, dass er nach all dem Erfolg, den er hatte, lernen musste, dass es nicht der eigene Erfolg war, sondern dass es alles Wege waren, die mit Gottes Hilfe gegangen worden sind.

Jetzt sind wir dran, in unser Leben zu gucken, unsere Verantwortung wahrzunehmen, unsere Kräfte zu spüren, unsere Gaben und Fähigkeiten, für die anderen sie einzusetzen und Gott nicht aus dem Blick zu verlieren, sondern auf den Wegen zu bleiben, so gut es denn geht. Amen.

David

Wie ein Vater seinen Kindern, so begegnet uns Gott – streng immer wieder, gerecht und mit großer Geduld, ein Leben lang – aber wir verstehen es nicht immer. Sein Sohn, Jesus Christus, weist uns diesen etwas anderen Weg, vermittelt, dass Gott nah ist, auch und gerade in all den Leiden unseres Lebens, gibt uns unmittelbar Vertrauen auf ihn durch alle Tiefen, sogar noch über den Tod in diesem Leben hinaus. Der Heilige Geist schenkt uns Kraft in Leidens- und in Notzeiten, gibt uns Hoffnung in aller Unsicherheit und allem Zweifel. Feiern wir auch heute Morgen im Namen Gottes des Vaters und des Sohnes und des Heiligen Geistes. Amen.

Herzlich willkommen zu diesem Gottesdienst am Wahltag. Was erwarten Sie heute von einer Predigt im etwas anderen Gottesdienst? Letzte Hinweise für das Kreuz an richtiger Stelle? Ich will Ihnen erzählen von Zeiten, da Menschen sicher waren, nur Gott könnte die richtige Wahl treffen für den einen, der die Verantwortung für ein ganzes Volk übernimmt. Ich will Ihnen erzählen von einem, dessen erster Sieg aus der Empörung wächst, dass da einer das Volk Gottes und damit Gott selbst verspottet.

Ich will Ihnen erzählen von David, das war der, der den Riesen Goliath erschlagen hat, das war der, der viele unserer Psalmen gedichtet hat und Harfe gespielt hat, so weiß man. Er hatte große Stärken, seinen Mut im Kampf und – noch viel wichtiger – seinen festen Glauben an die Hilfe unseres Gottes. Er hatte mindestens eine ebenso große Schwäche, seine große Liebe für die Frauen. Im Krieg hat er strategisches Geschick und Übersicht bewiesen, im Konflikt mit der Familie Nachsicht und Mitleid geübt. Machen wir uns auf den Weg mit den Geschichten, die im 1. und 2. Buch Samuel aufgeschrieben sind.

Die Geschichte unseres Königs mit Namen David beginnt, als er eigentlich noch viel zu klein ist. Zu klein, zu jung, um als Krieger für sein Volk und seinen König, den Saul, einzustehen. Er kommt an den Hof, weil irgendeiner gehört hat, da gibt es doch einen, der vermag Harfe zu spielen, und genau so einen brauchen wir für unseren König, denn der leidet darunter, dass immer wieder der böse Geist über ihn kommt.

Wenn wir versuchen, das zu verstehen, mag es vielleicht am ehesten so sein, dass der König Saul in dem versinkt, was wir heute Depressionen nennen. Der braucht einen, der es wieder hell werden lässt für ihn, er braucht einen, der ihn in diesen dunklen Zeiten zu trösten vermag. Denn ein König, der in Dunkelheit versinkt, kann seinem Volk keine Kraft geben, kann nicht vorne stehen, kann nicht für andere Verantwortung tragen.

So kommt der Knabe David, der das kann, der achte Sohn Isais, an den Hof des Königs. Er kann helfen, so wird er immer wieder gerufen, wenn diese traurigen, dunklen Phasen des Königs kommen. Er wird Waffenträger des Saul, steht in der Bibel, und er kehrt doch immer wieder zurück in das Haus seines Vaters. Auch dort gibt es viel zu tun, Tiere müssen gehütet werden. Ist das der, den wir als König kennen?

Die Geschichte beginnt damit, dass er die besondere Fähigkeit hat, einen zu trösten. Und irgendwann, als er wieder zu Hause bei seinem Vater ist und von ihm den Auftrag bekommt, jetzt den älteren Brüdern, die im Feldlager des Königs Saul Kriegsdienst leisten, etwas zu essen zu bringen, da beginnt die andere Geschichte des David.

Er bringt das Essen zu den Brüdern und erlebt dabei, wie das so geht, wenn man Krieg führt, so wie es in der Bibel berichtet wird. Das, was als großes Abenteuer gelten mag, das, wo viele davon reden, dass man dabei sein müsste, alles großartig, weil es so mutig ist, weil es doch herrlich ist, wenn man ein Schwert tragen darf, das erlebt er nicht. Er erlebt, wie ein ganzes Heer, so scheint es, vor lauter Angst und Feigheit sich nicht traut, standhaft zu sein, für sich selbst, seinen König und seinen Gott.

Ein großer Krieger, der vielleicht gar nicht so groß ist, sondern nur so riesengroß tut. Ein Krieger von den Philistern stellt sich hin und verhöhnt das Volk: Na, wer von euch traut sich?

Und wenn einer mit solchem Selbstbewusstsein dasteht, bereit ist, jede Herausforderung anzunehmen, ausstrahlt, dass er fähig sein wird, jeden, der ihm entgegentritt, zu besiegen, dann wird er in dem Blick der anderen immer größer. Und die Bibel berichtet davon, ein Riese sei es gewesen. Muss er ja auch, wenn alle anderen Angst haben, oder?

Und David, der nicht einmal alt genug ist, diesen Dienst im Kriege zu leisten, empört sich und ist entsetzt. Kann das denn wahr sein, dass so einer, ein unbeschnittener Philister, dass der unser Volk verhöhnen darf, unser Volk, das ist das Volk Gottes? Indem er euch verhöhnt, macht er sich lustig über Gott. Das darf doch nicht geschehen.

Und wie selbstverständlich geht David los und sagt: „Jeder kann kommen und ihn herausfordern? Ich werd's tun." Den

Brüdern ist der Kleine fürchterlich peinlich, vorlaut, ungehörig, der weiß doch auch gar nicht, wovon er redet und was da passieren wird. Dem König ist der Kleine ziemlich angenehm, wenigstens einer traut sich, dann sehen wir nicht ganz so klein aus. Und dann tut er, was man in so einem Fall tut: Er gibt ihm seine Rüstung und sein Schwert.

Und weil der Kleine wirklich klein ist, wird er unter dieser Rüstung und diesem Schwert immer kleiner geworden sein. Drum legt er beides ab und besinnt sich auf das, was er beherrschen kann, auf das, was er zu tun vermag. Und in jedem Kindergottesdienst wird wieder die Geschichte erzählt von den fünf kleinen flachen Steinen, die er sich sucht. Das reicht hin, um den Riesen zu schlagen, denn mit dem Schwert vermag er nicht umzugehen, wohl aber mit seiner Schleuder.

Sie wissen, wie die Geschichte ausgeht: Der Riese fällt wie ein Baum, das Volk hat gesiegt und auf einmal sind es die Gegner, die fliehen, wenn so ein Kleiner so einen Großen zu schlagen vermag. Das Wunderbare passiert, könnten wir sagen, da kämpft einer für Gott und hat unglaublichen Erfolg. Er erringt sich Achtung, er erringt sich das Lob des Königs, so einer muss natürlich dauerhaft am Hofe bleiben.

Er wird Soldat, er hat sich Ruhm und einen Ruf erworben. Man redet von ihm, und ein König, den immer wieder die Dunkelheit überkommt, kann doch nur vorsichtig, kann doch nur eifersüchtig werden. Was tue ich also am besten, damit der Kleine mir nicht irgendwann gefährlich wird, so wie er dem Philisterkrieger gefährlich geworden ist? Es wäre geschickt, wenn er Teil meiner Familie wird. Ich verheirate ihn mit meiner Tochter, dann kann er jedenfalls nicht gegen mich kämpfen, ich bin ja dann sein Schwiegervater. Und als Brautpreis will ich Vorhäute von Philistern. Erschlagen soll er die, und wenn es richtig gut geht, erschlagen die ihn und dann bin ich ihn los.

Das ist Verhandlungsgeschick, das sind bildreiche Geschichten aus dem Alten Testament. Das sind andererseits Sorgen und Nöte, die wir vielleicht auch heute haben. Nur was wir tun, um die Sorgen und Nöte klein zu halten und in Sicherheit zu verwandeln, ist nicht so blutrünstig. Auch wir taktieren bestimmt geschickt. Wenn ich weiß, dass ich gegen einen anderen eigentlich nicht ankommen kann, werde ich zunächst versuchen, ihm einfach aus dem Weg zu gehen. Das gelingt nicht immer, weil wir auch dann wissen, da suchen sich zwei. Wer Stärken hat, freut sich bisweilen auch daran, sie zeigen zu können.

Und irgendwie erlebe ich bei meinen Jugendlichen, dass man sich nicht aus dem Weg gehen kann, selbst wenn es einfach nur sinnvoll wäre. Nein, man prallt lieber immer wieder aufeinander. Und wenn immer derselbe gewinnt, ist es der andere, der dann vielleicht irgendwann dazu übergeht, sich Verbündete zu suchen. In einer Gruppe sind wir unschlagbar. Und auch das gelingt nicht immer.

So wie die Kleinen taktieren, tun es die Großen doch auch immer wieder. Die Mittel sind andere. Wenn ich nicht im direkten Gegenüber bestehen kann, vielleicht finde ich ja doch ein Geheimnis an diesem oder jenem, das ihn weniger gut dastehen lässt. Wenn es mir nicht gelingt, Macht auszuüben, ziehe ich mich bisweilen darauf zurück, dass ich es ja gar nicht nötig habe, den anderen schlecht dastehen zu lassen.

Hier geht es um Leben und Tod. So weit gehen wir nicht mehr, aber wir gehen schon so weit zu fragen, darf der andere, darf die andere Teil meines Lebenskreises sein, oder wie gelingt es mir, ihn oder sie so da rauszuhalten, dass ich gut bestehen kann?

Es ist klar, David wäre nicht König geworden, wenn der Plan seines Schwiegervaters aufgegangen wäre. Er hat natürlich Erfolg gehabt, er hat Michal, die Tochter des Saul, geheiratet, und der Erfolg hat wieder zu Eifersucht geführt und die Eifersucht zu Neid und der Neid zur Angst. Und der König drängte danach, ihn doch zu töten. David hatte Fürsprecher, Jonathan, den Sohn des Saul, und auch seine Frau Michal. Immer wieder haben die beiden den Vater beruhigt, immer wieder haben sie vermittelt, und manchmal haben sie den David versteckt, bloß um ihn zu bewahren.

Und dennoch begann mit dem Erfolg des David auch die Zeit seiner Flucht. Er muss dort weg, dort ist er nicht sicher. Er hat gar nichts Böses vor, aber man glaubt es ihm nicht. Er ist ausgestattet mit großen Fähigkeiten, und die Angst der anderen ist größer als ihre Dankbarkeit für diese Fähigkeiten. Er ist auf der Flucht. Er tut das, was er am besten kann, nämlich kämpfen, und das für andere. Zweimal hat er die Gelegenheit, den König Saul, der ihm nach dem Leben trachtet, selbst zu töten, und er tut es nicht.

Es gibt so etwas wie eine Versöhnung, und dennoch eine Versöhnung, die zu einer Trennung führt. Miteinander leben können diese beiden nicht, also braucht jeder seinen Bereich, und David sucht sein Heil als Söldner. Für andere Könige, für andere Reiche, und er erlebt, wie man ihn manchmal dankbar nutzt mit seiner Kraft und ihn dann doch tatsächlich wegschickt. Die Philister, die wollen ihn lieber als Gegner als in ihren Reihen, als Gegner ist er viel spannender. Alle ihre Siege würde man ihm zuschreiben, aber wenn sie ihn besiegen, dann wären sie wirklich stark gewesen.

Mit einem eigenen Söldnerheer schlägt David die Amalekiter und in der gleichen Zeit besiegen und töten die Philister König Saul und seine drei Söhne. Die Anfänge eines Königs, die Anfänge eines, der Verantwortung tragen wird, geprägt von Angst und Neid, von Gewalt und Erfolg. Wie prägt sich so ein junger Mensch? Muss da nicht etwas wie Hochmut wachsen, wenn alles, was er anfasst, gelingt?

Auch David wird von Angst bewegt gewesen sein, denn er hat immer wieder Verfolgung erlitten. Wie viel hilft der Glaube an Gott dort weiter? Es sind Siege, die er erringt für die, die ihm anvertraut sind, sind Siege für andere. Was ist geblieben von dem, der vor Zorn darüber aufstand, dass sein Gott verhöhnt wird?

David wird König, 30 Jahre lang regiert er. Eine unglaublich lange Zeit in jener Zeit. Zuerst König über Juda und dann über ganz Israel. Wir wissen, er hat Jerusalem erobert. Er hat immer wieder die Philister geschlagen und viele andere Völker. Er hat Geschick bewiesen, hat ein Beamtensystem entwickelt, weil er nicht alleine Verantwortung tragen konnte.

Und wo blieb sein Glaube an Gott? Immer wieder hat er seinen Glauben gezeigt. Immer wieder haben andere darüber gestaunt, und immer wieder war er ganz und gar Mensch. Ein Mann, der Verantwortung trägt, als Vorbild für uns? Was ist denn mit unseren, mit Ihren Erfolgen, mit unseren, mit Ihren Gaben? Nutzen wir sie zum Besten in der Verantwortung für andere, oder tut es nicht allzu gut, wenn diese Gaben mir vor allem nutzen? Verstehen wir Gaben, verstehen wir unsere Erfolge als Geschenk, als Gnade, als den Segen unseres Gottes? Ist genügend Dankbarkeit dabei? Rechnen wir mit diesem Gott auf all den Wegen, die uns auch Angst bereiten?

Manch einer mag erleichtert sein, dass die Verantwortung, die er trägt, für einen kleinen Bereich gilt. Manch einer trägt auch gerne Verantwortung für mehr, für Wege, für Menschen, für ein Leben. Es wäre kein Wunder, wenn immer wieder Zittern und Zagen dabei wären, immer wieder leise Zweifel aufkämen. Es wärc wunderbar, wenn immer wieder auch Dank und Bitte dabei wären für unseren Gott und an unseren Gott.

Er war nicht nur König, er war Bruder, er war Ehemann, er war Vater, und das alles zur gleichen Zeit seines Königtums, so könnte man sagen. So ein Kleiner, der sich überhebt und einfach mal gegen den Philister kämpft. Peinlich war er seinen Brüdern und unangenehm ist es gewesen auszuhalten, dass der Fähigkeiten hat, die sie nicht hatten.

Zum Ehemann ist er geworden der Michal und zu einigen anderen. Abigail, Haggit, Abital, Eglad, Bathseba sind einige der Namen seiner Frauen. Darf man das?, höre ich immer wieder. Das, was wir kennen als monogame Ehe, das hat es damals nicht gegeben, und wer ein König ist, vielleicht kann man sagen, der braucht 'ne Menge Frauen, denn er braucht 'ne Menge Söhne. Der muss sich seine Macht sichern, vielleicht. Und dennoch berichten immer wieder Geschichten davon, dass der David das auch ganz gern gemocht hat.

Wenn es eine große Familie zu leiten gibt, dann wissen wir aus unseren Familien, selbst wenn da ein Vater und eine Mutter sind, das ist nicht ganz leicht. Da gibt es Zank, da gibt es Streit, da gibt es Vermutungen, da gibt es Unterstellungen, da gibt es Ängste, nicht wichtig genug zu sein, da braucht jeder die gleiche Liebe und die gleiche Fürsorge. Und dann gibt es welche, die ausbrechen. Kinder, die protestieren gegen ihre Eltern, Kinder, die endlich mal zeigen wollen, was sie selber zu tun vermögen.

Das alles hat auch David erlebt. Er muss immer wieder Streit schlichten, muss erleben, wie seine Kinder auch aneinander Dinge tun, die nicht gut sind. Wir lesen von einer Vergewaltigung und David soll Schiedsrichter sein, will einen guten Weg finden für alle und muss erleben, wie dann doch der Böse getötet wird. Er erlebt schon zu seinen Lebzeiten, wie seine Söhne gegeneinander kämpfen, er erlebt, dass er selber fliehen muss, weil diese Söhne gegen ihn kämpfen, gegen den übermächtigen Vater, der so viele Erfolge hat, der so große Verantwortung trägt und offenbar für viele als unfehlbar dasteht.

Und David weicht aus. So stark und mutig er dem Philister gegenüberstand, seiner eigenen Familie gegenüber hat er diese Kraft nicht. Vielleicht sind die Söhne so stark geworden, vielleicht ist auch dieser Krieger seiner Familie gegenüber einfach der Vater, der, der Nachsicht walten lässt, der – so wie bei uns auch – sich wünscht, dass es allen gut geht. Er muss Entscheidungen treffen, und eine, die er trifft aus lauter Überschwang, aus großer Liebe zu einer Frau, diese eine Entscheidung, die führt sozusagen in sein Unheil, in die Gefährdung seines Lebens.

Viele von Ihnen werden die Geschichte der schönen Bathseba kennen, die Frau eines Kriegsmannes, die auf dem Dach ihres Hauses badet, und das Haus ist offenbar nicht weit entfernt vom Palast, auf dessen Dach wiederum David spazieren geht und in Liebe zu dieser Frau entbrennt. Die beiden werden ein Paar, auch wenn es da noch den Ehemann gibt. Den entsorgt der David, indem er ihn bei der nächsten Schlacht in die erste Reihe stellt und allen anderen Soldaten sagt, wenn der Feind kommt, zieht ihr euch zurück, damit er als Einziger da vorne steht und fällt. Das gelingt. Nachdem die Trauerzeit abgeschlossen ist, heiratet David sofort die Bathseba, sie gebiert ihm ein Kind und das ist das Ende der nur erfolgreichen Zeit.

Die Strafe kommt: Von nun an wird deine Familie sich gegen dich wenden. Von nun an wirst du auf der Flucht sein, von nun an musst du kämpfen. Denn was du getan hast, das war nicht recht. Seiner Familie gegenüber auch weich, immer wieder auch nur mal Mann, immer wieder Vater. David hält das aus, er muss erleben, wie seine Frauen ihm weggenommen werden, weil einer seiner Söhne den Harem des Vaters für sich beansprucht und gewinnt. David gewinnt ihn zurück und erlebt aber auf diesem Wege auch Demütigung. Der starke, mutige, ruhmreiche Krieger wird zum geschlagenen Vater. Ganz am Ende seines Lebens schaut er zurück, hält inne, bekennt seine Schuld und nimmt an, dass Gott Strafe über ihn verhängen soll.

Wie leben wir? Immer wieder die gleiche Frage. Die Familiengeschichten, die ich Ihnen erzählt habe, wird jeder von Ihnen in dieser oder einer anderen Form kennen. Den Wunsch, dass es allen gut gehe, das Ziel doch zu vermitteln zwischen allen, dass alle spüren, dass sie gern gehabt sind, alle spüren, dass sie gleich wichtig sind. Vielleicht kennen Sie aber auch Zeiten, in denen man ausweicht, in denen man einander nicht mehr begegnen kann. Augenblicke, da nichts mehr zu sagen ist, da kein Weg mehr zueinander führt, da Menschen, auch wenn sie zu einer Familie gehören, einander tief verletzen, einander etwas wegnehmen, einander in Gefahr bringen. Wie kann ein Weg dann weitergehen?

Vielleicht ein bisschen so wie Davids Weg, der am Ende nicht mit dem Finger auf die anderen zeigt und sagt: Du warst schuld, und du bist schuld und du bist schuld, sondern sein Leben besieht, seine eigenen Fehler ansieht und um Vergebung bittet. Wenn jeder, statt die Fehler der anderen zu suchen, es wagt, die eigenen Ängste, die eigenen Kleinlichkeiten, die eigenen Verletzungen anzusehen, dann mag ein Weg zur Vergebung führen und vielleicht zur neuen Begegnung. Zum ersten Wort, zum ersten Schritt, damit wieder spürbar wird, welche Bindungen es gibt, und nicht, welche Hindernisse es gibt.

Am Ende will ich Ihnen den ersten Anfang erzählen. Mit der Wahl habe ich vorhin ganz kurz begonnen. Eine Wahl, der Gott zustimmte, musste es sein. Gott war enttäuscht, als das Volk Israel befand, diese besonderen Menschen, die er ihnen immer wieder erwählte, waren ihnen nicht genug. Sie wollten einen König, einen, der Befehle gäbe, einen, der allein Verantwortung trüge. Die Wahl des Saul hat stattgefunden mithilfe einer Salbung, mit dem Jawort Gottes. Und auch Saul hat seine Menschlichkeit erwiesen und hat sich als nicht würdig für dies Amt erwiesen.

Noch während Saul König war, hat Gott befunden, wir brauchen einen Nachfolger, einen, der wirklich auf meinen Wegen wandelt, einer, der in jedem Fall den richtigen Weg wählt. Und Gott schickt seinen Priester, seinen Seher, den Samuel los in das Haus Isais – einen der Söhne soll er salben zum König.

„Aber Herr, mein Gott, wenn ich das tue, werden sie mich doch töten! Das ist doch Majestätsbeleidigung und Hochverrat, wenn ich bereits einen neuen salbe und der alte noch lebt, erfolgreich ist und Kraft hat." Gott gibt ihm mit auf den Weg, was er tun und was er sagen soll, damit nicht auffällt, was er wirklich tut. Ein Rind nimmt er mit, das zum Opfertier werden soll. Er wird tatsächlich unterwegs angehalten und gefragt nach seinem Tun. Er redet davon, dass er nur ein Opfer darbringen will, und kommt in das Haus Isais. „Einen deiner Söhne will ich salben, bring sie zu mir."

Und was tut ein Vater? Natürlich bringt er zunächst den Ältesten, und der ist schön von Gestalt und sieht stark aus. Und der Priester denkt, der muss es sein, den Gott meint, und Gott sagt, nein, der ist es nicht. Auch der Zweite ist es nicht und Gott spricht: „Ich sehe mehr als du Mensch. Der Mensch sieht, was vor Augen ist, aber der Herr sieht das Herz an." Nicht die starke Gestalt, nicht der schöne Wuchs, nicht das Gefühl, dass der, der da steht, etwas ausrichten kann, ist es, was darauf hinweist, wer der Richtige ist.

Die sieben ältesten Söhne zeigte Isai dem Samuel und keiner von denen ist es. „Hast du denn noch einen?" – „Einen habe ich noch, aber den kannst du nicht meinen, der hütet draußen die Tiere auf dem Feld." – „So hol mir den!"

Da kommt der Priester des Königs. Ein Priester des Herrn, einer, der mit Vollmacht ausgestattet ist, und der sucht einen kleinen Jungen? Das kann doch gar nicht sein. Gott sucht einen König und erwählt ein Kind. Der, der da kommt, von dem heißt es, er ist bräunlich, von schöner Gestalt und klugen Augen. Und er salbt ihn, der Samuel den David. Er salbt ihn, und ich gehe davon aus, dass dieser Junge überhaupt nicht hat verstehen können, was ihm da geschieht.

In dem Augenblick der Salbung, heißt es, kommt der Geist Gottes über ihn. Es passiert einfach, es verändert sich etwas, und keiner weiß warum. Was sich verändert in diesem Jungen, vielleicht ahnen Sie schon, habe ich Ihnen zum großen Teil bereits erzählt. Wenn so ein Kleiner, der doch vermutlich auch in der Familie immer als der Kleine gehandelt wird, aufsteht und sagt, ich aber kann, niemand darf meinen Gott beleidigen, dann ist das nicht nur zum Lächeln, dann ist das auch zum Staunen. Wenn so ein Kleiner die Gabe hat, andere Menschen zu trösten, es heller werden zu lassen, dann ist das eine Gabe, die doch nur von Gott kommen kann, oder?

Er holt die Bundeslade zurück, bringt sie nach Jerusalem und benimmt sich wie ein verzückter Priester. Er benimmt sich so, dass es seiner Frau peinlich ist, weil er halb nackt tanzend vor Glück vor dieser Bundeslade herzieht. Die Bundeslade, ein Holzkasten, reich geschmückt und vergoldet, der die Gebotstafeln trägt, die Bundeslade, ein Zeichen für Gott selbst. Da wo sie steht, da ist Gott, und darum ist er voller Glück, als er sie nach Hause bringt, so könnten wir sagen. Nach Hause bringen, nach Jerusalem, in die Stadt Gottes, die sie werden sollte. Voller Entzückung über das Gute, was er tun kann, über die Nähe Gottes, die er spürt.

Als er dann ganz Mensch ist und dieses Kind, das Bathsebas und seines ist, im Sterben liegt, da geht er in Sack und Asche, da weint und klagt er, da bittet er Gott um Vergebung, denn dieses Kind kann doch nichts für meine Schuld. Und er muss zusehen und er muss aushalten, was Gott zu tun vermag. Gerecht scheint ihm das nicht zu sein.

Das sind Gottes Wege, die manchmal nicht verständlich sind. Ein Großer hat Schuld auf sich geladen, ein Säugling stirbt, das sind Beziehungen, die wir heute so nicht mehr denken und spüren wollen und es trotzdem manchmal tun. Kennen Sie diese Frage: Warum muss Gott mich so strafen? Und unsere Antwort, und meine Antwort lautet: Das tut er nicht.

Manchmal mutet er uns solche Zeiten zu, Zeiten, da wir ihn als ungerecht empfinden, da wir uns gestraft und geschlagen fühlen, und er ist dennoch da, dieser Gott. Im Augenblick des Todes dieses Kindes steht David auf, denn jetzt gibt es nichts mehr zu tun für ihn. Gott hat gehandelt, er muss damit leben, er kann nichts mehr ändern für dieses Kind. Die große Sehnsucht war, dass diese Nähe Gottes stabiler werden könnte. David hätte gern seinem Gott ein Haus gebaut, ein Haus, in dem sich Gott finden lässt. Bisher war diese Bundeslade, von der ich Ihnen erzählt habe, nur untergebracht in einem Zelt. Das konnte man nämlich schnell auf- und abbauen und somit diese Lade, die für die Nähe Gottes stand, immer mitnehmen. Wäre es nicht wunderbar, wenn Menschen sich Häuser bauen, wenn der König einen Palast hat und wenn das Haus Gottes mindestens ebenso prächtig wäre? Diesen Wunsch hegt David und bekommt zur Antwort, Gott reicht das Zelt. Irgendwann wird es ein Haus geben, einer deiner Söhne wird es ihm bauen, einer, der dir noch geschenkt werden wird.

Am Ende seines Lebens siegt der klein gewordene, schwach gewordene David, nur noch ein Schatten des starken Königs, einer, der so schwach ist, dass man eine junge Frau zu ihm ruft, damit sie ihn wärmt, damit Lebensgeister wieder spürbar werden. Am Ende liegt er da, immer noch mit dem Segen Gottes, denn er lässt ihn entscheiden, was sein Volk erdulden mag, um Sühne zu geben für das, was in seinem Leben an schlechten Dingen entschieden und passiert ist. Als er die Wahl hat, der David, ob das Volk drei Jahre Hungersnot erleiden soll, ob er drei Wochen vor den Feinden auf der Flucht sein will oder ob das Volk drei Tage mit der Pest geschlagen werden soll, da sagt er, lieber will ich mich Gott unterwerfen als den Feinden. Und nimmt an, was Gott zu entscheiden vermag.

Es ist die Dreitagepest, 70 000 Menschen kostete sie das Leben, und David nimmt es an als Entscheidung Gottes. Nicht alles kann der Mensch beeinflussen, manches muss er tragen, mit der Hoffnung auf die Hilfe Gottes wird es nicht fröhlicher, aber manchmal ertragbarer. Am Ende seines Lebens soll David der sein, der den nächsten König entscheidet. Wir wissen alle, eigentlich muss es die Wahl Gottes sein, und es wird sich später zeigen, dass es die Wahl Gottes war. Bis es so weit kommt, gibt es familiäres Ränkespiel, den Kampf der Söhne gegeneinander.

Und die Frau, die er von Herzen liebt, die Bathseba ist es, die zusammen mit dem Priester dafür sorgt, dass Salomo den Segen des Vaters erhält, dass Salomo zum König gesalbt wird. Um Macht geht es irgendwie, aber vielleicht doch darum, dass der Segen Gottes darauf liegen muss, damit die Macht zu etwas Gutem führt. Es geht nicht nur um Macht, viel wichtiger scheint mir die Verantwortung zu sein. Verantwortung nicht nur für mich und die Meinen, Verantwortung für einen ganzen Weg, den Weg eines Volkes, den Weg mit Gott.

Ich wünsche uns, dass in unseren Entscheidungen, die vielleicht viel weniger weit reichen, wir den Mut haben, Gott mitwirken zu lassen, die Kraft, unpopuläre Entscheidungen zu fällen, uns für das zu entscheiden, was richtig, nicht für das, was bequem ist. Ich wünsche uns die Kraft auszuhalten, wenn Gott Schweres für uns bereithält, und ich wünsche uns Nachsicht mit denen, die Angst haben und zweifeln, und den Mut, ganz klar dazustehen mit dem, was ich glaube, und mit dem, was mich trägt. Amen.

Verzeichnis der Predigten

Jacob
1. März 2009 S. 7 CD 1 / Titel 1 38:08

Wunder
26. April 2009 S. 23 CD 1 / Titel 2 39:32

Adam und Eva
24. Mai 2009 S. 39 CD 2 / Titel 3 30:38

Salomo*
23. August 2009 S. 51

David
27. September 2009 S. 65 CD 2 / Titel 4 38:41

* ohne Audio-Version